企业会计综合模拟实训
（第二版）

主　　编　刘春玲　颜　莉　刘　珍
副主编　　李元霞　吕慧珍　殷栋华
参　　编　段俊芳　徐珍珍　肖安娜　刘安兵
　　　　　邓小芬　李　荔　曹　红　张治刚
　　　　　周昕玥　黄　金

华中科技大学出版社
中国·武汉

图书在版编目(CIP)数据

企业会计综合模拟实训/刘春玲,颜莉,刘珍主编.—2版.—武汉：华中科技大学出版社,2018.7(2023.7重印)

ISBN 978-7-5680-4382-3

Ⅰ.①企⋯　Ⅱ.①刘⋯　②颜⋯　③刘⋯　Ⅲ.①企业会计　Ⅳ.①F275.2

中国版本图书馆 CIP 数据核字(2018)第 148469 号

企业会计综合模拟实训(第二版)

刘春玲　颜　莉　刘　珍　主编

Qiye Kuaiji Zonghe Moni Shixun(Dierban)

策划编辑：谢燕群	
责任编辑：谢燕群	
封面设计：原色设计	
责任校对：李　琴	
责任监印：周治超	
出版发行：华中科技大学出版社(中国•武汉)	电话:(027)81321913
武汉市东湖新技术开发区华工科技园	邮编:430223
录　　排：华中科技大学惠友文印中心	
印　　刷：武汉科源印刷设计有限公司	
开　　本：787mm×1092mm　1/16	
印　　张：16.25	
字　　数：286千字	
版　　次：2023年7月第2版第4次印刷	
定　　价：39.80元	

本书若有印装质量问题,请向出版社营销中心调换
全国免费服务热线：400-6679-118　竭诚为您服务
版权所有　侵权必究

第二版前言

本次修订主要是在第一版的基础上,依据最新企业会计准则基本准则、投资准则、财务报表列报准则等具体准则,以及全面推行营业税改增值税等一系列最新财税法规进行的,使教材内容充分体现我国企业会计改革取得的新进展与新成果。另外,为方便使用者学习,此次修订时完善了电子课件、业务处理分录答案以及提供了电子科目汇总表、试算平衡表和会计报表等。如果有需要,可通过扫一扫以下二维码获得。

本书由刘春玲、颜莉、刘珍任主编,李元霞、吕慧珍、殷栋华任副主编。主编提出编写大纲,并对全书进行了总撰、修改和定稿。参与编写的还有段俊芳、徐珍珍、肖安娜、刘安兵、邓小芬、李荔、曹红、张治刚、周昕玥、黄金等。

由于水平有限,书中难免存在疏漏之处,敬请读者不吝指正。

编　者

2018 年 4 月

前　言

　　会计学是一门理论性、实践性很强的学科,而实践过程是会计专业教学的一个必要环节。在学习过程中,只有理论联系实际,才能巩固和加深对课程内容的理解、掌握。我们本着培养既有理论知识又有实践能力的应用型复合人才的宗旨,结合多年的教学和实践工作经验,编写了本书。通过本书的应用,可以强化实践教学这一教学薄弱环节,缩短理论教学与实践的差距,大大提高学生分析问题、解决问题的能力和实际操作水平,解决学生毕业实习难、效果差的问题。

　　本书以国家最新颁布并执行的企业会计准则、税收法规、会计制度为依据,在系统地介绍会计实务模拟理论的基础上,精心设计了模拟原型、模拟原型的期初数据和本期经济业务。通过本书的模拟实训,可以完成:开设账簿体系、期初数据过账;依据本期模拟业务填制与审核原始凭证,依据原始凭证编制记账凭证、审核记账凭证;编制科目汇总表或汇总记账凭证;登记日记账、明细账、总账;期末调账;成本核算;试算平衡;对账与期末结账;编制会计报表等会计基础工作。

　　本书结构新颖,具有知识面广、繁简适当、仿真性强、实用性强、综合性强的特点,便于学生理解并掌握会计实际操作技能,适用于财经类各专业应用型人才培养的教学,同时也可供在职财会人员参考使用。

　　本书由颜莉、刘珍、刘春玲任主编,殷栋华、吕慧珍任副主编。主编提出并编写大纲,对全书进行了总撰、修改和定稿。参与编写的还有段俊芳、徐媛媛、曹红、张治刚、肖安娜、李元霞、徐珍珍等。

　　由于水平有限,书中难免存在疏漏之处,敬请读者不吝指正。

编　者

2016 年 11 月

目　录

第一章　会计模拟实训概述 ……………………………………………………… 1
　一、会计模拟实训的意义和目的 ……………………………………………… 1
　二、会计模拟实训的内容 ……………………………………………………… 2
　三、会计模拟实训的要求 ……………………………………………………… 3
　四、会计模拟实训的组织 ……………………………………………………… 4
　五、会计模拟实训考核的基本内容 …………………………………………… 4
　六、会计模拟实训操作规范及评分标准 ……………………………………… 4

第二章　会计模拟实训步骤 ……………………………………………………… 7
　一、实训准备资料 ……………………………………………………………… 7
　二、原始凭证的填制和审核 …………………………………………………… 7
　三、记账凭证的填制和审核 …………………………………………………… 9
　四、账务处理程序 ……………………………………………………………… 11
　五、账簿登记与错账更正 ……………………………………………………… 12
　六、对账、结账与试算平衡 …………………………………………………… 15
　七、财务会计报告的编制 ……………………………………………………… 17
　八、会计资料的整理装订 ……………………………………………………… 21
　九、技术规范 …………………………………………………………………… 22

第三章　会计模拟实训企业概况及其内部会计核算方法 ……………………… 25
　一、企业概况 …………………………………………………………………… 25
　二、内部组织机构人员分布与财务科内部分工 ……………………………… 25
　三、生产工艺流程 ……………………………………………………………… 26
　四、企业重要财务制度 ………………………………………………………… 26

第四章　会计模拟实训资料 ……………………………………………………… 30
　一、总账账户 …………………………………………………………………… 30
　二、账户期初余额 ……………………………………………………………… 31
　三、20×1年12月模拟经济业务 ……………………………………………… 34
　四、相关原始凭证 ……………………………………………………………… 39

第一章　会计模拟实训概述

一、会计模拟实训的意义和目的

（一）会计模拟实训的意义

会计学是一门应用性很强的经济管理学科。会计专业的学生不仅要有系统的理论知识，而且要有熟练的操作能力，因此，实践教学是会计专业教学中十分重要的一个环节。它是对于传统课堂教学模式的突破，是实现理论与实践相结合、培养应用型会计人才的一种有效方式。随着社会主义市场经济体制的不断发展和完善，培养社会主义市场经济所需要的具有良好职业道德的技术型和管理型人才已成为当务之急。这就要求教育必须重视学生能力和素质的培养。会计模拟实训可以调动学生的积极性，挖掘学生的潜力，培养学生的敬业精神。大力开展会计模拟实训的意义在于以下几个方面。

1. 实现课堂理论教学与课下实践教学相结合

会计基本理论、基本知识和基本方法是长期的会计实践经验的总结，会计课程是一门理论性、实践性很强的课程。若采用传统、单一的课堂教学方式，学生仅仅通过上课学习教材上的专业理论知识，因其内容和形式较为抽象，学生在学习中也很难将所学知识与会计实践直观地联系起来，其后果必然是感性认识差，难以全面掌握会计基本方法和基本技能，学习效率低。而在会计模拟实训的仿真模拟环境中，学生根据实训内容的要求，自己动手，从填制原始凭证、编制记账凭证、登记账簿、成本核算、编制会计报表到财务分析，如同置身于实际单位的财务部门一样。学生通过实训对会计工作的全貌有了清晰、直观的了解，既培养了动手能力，又加深了对会计基础理论和会计实际工作内在联系的深刻认识，可以手脑并用，做学合一，将来一旦被录用就能立即上岗。

2. 提高教学效率，推动素质教育

会计学科的内容复杂，学生在进入学校之前没有任何会计实践经验，会计知识也几乎是空白。在课堂教学中，学生常常感到会计知识乏味和枯燥。而会计模拟实训则是通过重塑一个生产单位的生产过程，再依据其生产活动自身的规律与特点，结合市场经济环境产生的财务关系和该模拟单位的各类经济业务及相关的财务管理制度来进行仿真模拟的训练过程，让学生自己主动地思考问题、分析问题并解决问题。这种主动的教学形式能极大地调动学生学习的积极性，增倍学生的学习兴趣，激发他们的创造性思维，为素质教育开辟新的路径。

3. 强化技能训练，提高实际操作能力

从培养高级应用型人才的角度出发，应对学生进行会计的"实践演习"和"强化训练"，让学生置身于会计职业氛围中，面对完整的、真实的、经济业务量大的一套会计案例。让学生在规定的时间内独立操作，提高其动手能力。在整个实习过程中，除经济业务的账务处理必须按有关制度、规定进行外，在记账技术上也要求同在职财会人员一样，用正式的凭证、账表，严格按

《会计人员工作规则》的有关规定"真刀真枪"地操作。学生通过会计模拟的"实践演习"和"强化训练",能提高其基本技能和实际工作能力,能成为一个有经验、有实践操作技能的会计工作人员,从而大大缩短毕业后从事会计工作的"适应期"。

4. 解决实践教学目标与校外实习环境不协调的矛盾

由于会计学科具有很强的社会实践性,因此要求会计专业的学生应具备较强的会计实践操作技能。对此各院校通常的做法是通过校外实习环节来弥补课堂理论教学与实践相脱节的缺陷。但是实习经费不足、实习单位财务部门工作环境受限制和商业机密的安全保护问题,以及会计工作的阶段性和时间性等因素,决定了校外实习难以取得令人满意的预期效果。会计模拟实训教学的优点在于,模拟业务设计及会计核算组织程序的可塑性强,实习成本较低,仿真模拟的效果非常接近现实。校外实习中不能达到的实习目的通过会计模拟实训在较大程度上得以实现。

(二)会计模拟实训的目的

随着社会主义市场经济的建立和发展,社会急需大批高级应用型会计人才,且要求会计专业的毕业学生能缩短工作的适应期,能尽快独立地开展会计工作。为了满足实际需要,在开设会计理论课程的同时,增设会计模拟实训课程尤其必要。会计模拟实训的目的主要有以下几点。

一是让学生们系统地掌握企业会计核算的全过程,从而在实践中消化理论知识,巩固以前学习过的会计理论和会计方法。

二是加深对会计专业的理解和认识,提高对所学专业的兴趣。在基本掌握会计核算中证、账、表的编制技能和审核方法的基础上,再对照理论教材的学习,坚持把所学的会计基本原理和基本方法与具体的核算操作结合起来,坚持理论联系实际,从而加深对会计专业的认识,提高对所学专业的兴趣,为进一步学习会计专业课打下坚实的理论和实践基础。

三是能让学生们对所学会计知识进行综合检验和全面回顾。会计模拟实践教学内容丰富,包括了会计操作的全部技能,即从建账,填制和审核原始凭证、记账凭证到登记账簿,从日常会计核算、成本计算到编制财务会计报告,要求学生们在操作中复习以前学过的会计主干课程和基本知识。

四是理论联系实践,有利于培养高素质的、技能过硬的会计人员。在模拟实训中,按照现行会计制度和会计工作的要求,学生亲自动手实验,既可以检验学生的实际动手操作能力,又可以培养学生懂理论、善操作的理论联系实际的工作作风,培养和造就大批忠于职守、勤奋工作、求真务实、正确核算、遵纪守法、严格监督、廉洁奉公、精心理财、严守秘密、钻研业务、团结协作的会计人员。

二、会计模拟实训的内容

序号	项目名称	主 要 内 容	应达到的能力标准
1	期初建账	(1)建总分类账 (2)建明细账 (3)建日记账	能正确地开设总分类账、明细分类账、现金日记账和银行存款日记账

续表

序号	项目名称	主要内容	应达到的能力标准
2	填制和审核原始凭证	(1) 根据有关经济业务填制原始凭证 (2) 审核原始凭证	能正确地填制和审核原始凭证
3	填制和审核记账凭证	(1) 根据有关经济业务填制记账凭证 (2) 审核记账凭证	能正确地填制和审核记账凭证
4	登记日记账、明细分类账	根据经济业务登记日记账、明细分类账	能准确、无误地登记日记账、明细分类账
5	编制科目汇总表	(1) 根据记账凭证打"T"型账户，登记账户的合计数 (2) 将合计数填入科目汇总表中	能准确、无误地编制科目汇总表
6	登记总分类账	根据科目汇总表登记总分类账	能准确、无误地登记总分类账
7	对账、结账	(1) 在各种账簿中进行对账 (2) 对各种账簿进行结账	能对各种账簿进行对账和结账
8	编制会计报表	(1) 编制资产负债表 (2) 编制利润表 (3) 编制现金流量表	能正确编制资产负债表、利润表、现金流量表
9	归档	(1) 整理凭证、账本、报表 (2) 装订凭证、账本、报表 (3) 会计资料归档管理	能准确整理和装订凭证、账本、报表，并归档管理

三、会计模拟实训的要求

(1) 熟悉实习企业概况、会计政策及内部会计核算方法。

(2) 依据实训资料，练习填写空白原始凭证。

(3) 按照企业会计准则设置实习企业会计科目。

(4) 根据建账资料所提供的 20×1 年 12 月初各账户余额，开设总分类账户、明细分类账户、现金日记账及银行存款日记账，将余额计入余额栏内，摘要栏填写"承前页"，账页的格式按"建账资料"的要求设置。另外，按经济业务的发生情况增设有关账户。

(5) 现金支票、转账支票、银行汇票委托书、进账单、收料单等原始凭证，需根据经济业务自行编制。

(6) 取得完整、正确的原始凭证后，方可编制记账凭证，同时，应将原始凭证附在记账凭证后面。记账凭证分为收款凭证、付款凭证、转账凭证，分别编制这三类记账凭证并按顺序编号。货币资金业务之间的划转，只填付款凭证。

(7) 严格按照《会计法》、《会计基础工作规范》及有关规定进行会计凭证的填制与审核，并按照规定的方法与程序进行记账、对账和编制会计报表;发现错账,应采用正确的方法进行更正。

(8) 账簿启用时,应在其扉页注明企业名称、启用日期、起始页码、会计主管人员和记账员姓名,并签章和签名。

(9) 年度终了,编制会计报表及纳税申报表。

(10) 年度终了,所有记账凭证、记账账簿应按照会计档案管理要求进行装订。

(11) 实训中未给出的原始凭证,由学生自制并计算填写有关数据。

四、会计模拟实训的组织

(1) 应配备专职或兼职实习指导教师,组织和指导实习全过程,并根据学生完成实习的质量和工作量给予评分。

(2) 可根据具体情况选择分组共同完成实习或一人单独完成实习。分组共同完成有利于相互讨论和加强复核。每组人数2～4人为宜。完成实习后,应填写个人分工及工作量明细账,以明确责任和考核评分,弥补分组实习的缺陷。在实习过程中应加强交流。指导教师在实习完成后还应个别组织口头提问,以了解学生对组内所完成会计核算工作的熟悉程度。

一人单独完成实习的效果较好,有利于系统地、全面地熟悉和掌握整个企业会计实务。

五、会计模拟实训考核的基本内容

实训成绩的考核是会计模拟实训系统的重要环节。因此,建立一套科学合理、行之有效、易于操作的考核体系,将实训要求与实训项目完成的情况进行指标量化,按量化指标和规定的评分程序对每一个学生的实训操作技能进行考核并评定成绩,可以提高实训质量、促进实训过程良性运转。

实训考核项目的确定取决于该实训的要求、环节和内容。可供参考的考核项目如下。

(1) 实训纪律:包括实训制度的遵守情况和实训课堂表现等方面。严格的实训纪律是模拟实训有序进行的重要保证,没有一个好的实训纪律,就难以取得良好的实际效果。

(2) 实训日记:在实训过程中,要求学生结合实训内容撰写实训日记。通过该环节来提高学生运用会计理论、认识和解决实际问题的能力。同时,实训日记也是编写实训报告的基本素材。

(3) 实训技能:它是会计模拟实训全过程的书面总结。该环节主要是考核学生能否以某一个或某几个实训项目的内容为中心论题,准确地描述同性质经济业务账务处理的依据,以及相关会计制度和会计政策的内在联系;能否结合实训内容的重点和疑点,提出问题、分析问题,并提出切合实际的改进措施和建议。

六、会计模拟实训操作规范及评分标准

(一) 会计模拟实训的操作规范

模拟实训操作等同于实际工作,应按照会计核算程序及有关规章制度认真填写会计凭证、

登记会计账簿并编制会计报表。

模拟训练时，必须先认真思考，理解题意与要求，再动手操作。做完后要认真检查，防止遗漏和错误。

实习时的各种凭证、账簿、报表一律使用统一格式。

在填写会计凭证、登记账簿和编制会计报表时，除必须按规定使用红色墨水外，所有文字、数字都应使用黑（蓝黑）色墨水笔书写（填写现金支票、转账支票必须使用黑色墨水笔或签字笔），不准使用铅笔或圆珠笔（复写凭证除外）。

书写有错误时，应按规定方法改正，不得任意涂改、刮擦、挖补。按正确方法改正后须在修改过的地方加盖自己的印章。

文字和数字书写要正确、整洁、清楚、规范。

要在规定的时间内完成模拟实务训练的全部任务。

（二）会计模拟实训成果验收标准

1. 设置指标及分值

依据实训大纲的要求，结合会计实训操作的具体特点，对会计模拟实训成果的验收和考评设置相应的指标及分值。

可供参考的考评指标包括记账凭证、账簿、账表、实习报告、加分因素及考勤六个部分，前四项考评分值分别为 30 分、30 分、15 分、25 分，加分部分累计不超过 15 分，考勤部分按照缺勤次数计负分。

2. 对各考评指标的具体要求

1) 记账凭证

（1）年、月、日及编号是否齐全、连续；

（2）是否说明了附件张数；

（3）同号分页记账凭证是否按 1/n,2/n,3/n,…,n/n 编号；

（4）"制单"、"记账"、"审批"处是否填写了姓名；

（5）记账后是否标有记账符号"√"；

（6）明细成本项目是否齐全、正确；

（7）一张记账凭证上是否有两处更正或错误；

（8）以上要求，有一处不符合则扣 0.25 分。

2) 账簿

（1）上年结转数是否有"上年结转"章及余额的方向章；

（2）小计、月计、累计是否正确；

（3）余额结转的位置是否正确；

（4）数量、金额式账户是否有数量记录；

（5）记账需自然过渡到下一页时是否标明"承前页"字样；

（6）结转下页的格式和内容是否正确；

（7）一张账页上是否有四处更改；

（8）以上要求，有一处不符合则扣 0.25 分。

3) 报表

（1）是否有刮擦、挖补、涂改的数字；

(2) 是否正确;

(3) 以上要求,有一处更改则扣 0.25 分,有一处错误则扣 5 分。

4) 实习报告

要求其格式规范,文字工整,有实际内容,观点明确,不少于 3 500 字。

5) 加分部分

(1) 记账凭证、账簿、报表正确、整洁的加分,该部分加分总计不超过 5 分;

(2) 自制表格设计合理、明晰、有推广价值的加分,该部分加分总计不超过 10 分。

6) 考勤部分

(1) 迟到、早退者每小时扣 0.5 分;

(2) 旷课者每次扣 2 分;

(3) 该部分累计扣分达 40 分者,取消其实习资格。

第二章 会计模拟实训步骤

一、实训准备资料

按照成本效益原则,总账、日记账和大部分明细账均采用三栏式账页,"原材料"、"低值易耗品"、"自制半成品"、"库存商品"等账户采用数量金额式账页,"基本生产成本"、"辅助生产成本"、"制造费用"、"销售费用"、"管理费用"、"财务费用"、"应交税费——应交增值税"等账户采用多栏式账页。记账凭证采用通用式。实训所需各种资料如下:

(1) 记账凭证:共104笔业务,使用通用记账凭证;
(2) 三栏式账页:总分类账、日记账、明细分类账;
(3) 数量金额式账页;
(4) 多栏式账页;
(5) 科目汇总表;
(6) 发生额及余额试算平衡表;
(7) 财务报表:资产负债表、利润表、现金流量表。

二、原始凭证的填制和审核

(一) 原始凭证的基本内容

尽管原始凭证品种繁多、格式各异,但为了准确反映和充分证明经济业务的执行和完成情况,都必须具备下列基本内容:原始凭证的名称,原始凭证的编号,原始凭证填制的日期,原始凭证填制单位的名称,接受原始凭证单位名称,经济业务的内容摘要,经济业务的实物数量、单价和金额,原始凭证填制单位及经办人员的签名或盖章,原始凭证的附件。

(二) 原始凭证的填制要求

由于原始凭证的种类不同,其具体填制方法和填制要求也不尽一致,但就原始凭证应反映经济业务、明确经济责任而言,原始凭证的填制有其一般要求。为了确保会计核算资料的真实、正确并及时反映,应按下列要求填制原始凭证。

(1) 必须真实和正确。原始凭证中应填写的项目和内容必须真实、正确地反映经济业务的原貌。无论日期、内容、数量和金额都必须如实填写,不能以估算和匡算的数字填列,更不能弄虚作假、改变事实的真相。

(2) 必须完整和清楚。原始凭证中规定的项目都必须填写齐全,不能缺漏。文字说明和数字要填写清楚、整齐和规范,凭证填写的手续必须完备。

(3) 书写格式要规范。原始凭证要用蓝色或黑色笔书写,字迹清楚、规范,填写支票必须用碳素笔,属于需要套写的凭证必须一次套写清楚,合计的小写金额前应加注币值符号,如"￥"等。大写金额有分的,后面不加"整(或正)"字,其余一律在末尾加"整(或正)"字,大写金额前还应加注币值单位,注明"人民币"、"美元"等字样,且币值单位与金额数字之间以及各金额数字之间不得留有空隙。各种凭证不得随意涂改、刮擦、挖补,若填写错误,应采用规定方法予以更正。对于重要的原始凭证,如支票以及各种结算凭证,一律不得涂改。对于预先印有编号的各种凭证,在填写出现错误后,要加盖"作废"戳记,并单独保管。

(4) 必须有经办人员和有关责任人员的签章。在填制完成原始凭证后,经办人员和有关责任人都要认真审核并签章,对凭证的真实性、合法性负责。对于一些重大的经济业务,还应经过本企业负责人签章,以示批准的职权。

(5) 必须及时填制。应在经济业务发生或完成时及时填制原始凭证,并按规定的程序和手续传递至有关业务部门和会计部门,以便及时办理后续业务,并进行审核和记账。

(三) 原始凭证的审核内容

在会计核算工作中,原始凭证只有经过审核无误后才能作为填制记账凭证和记账的依据。

(1) 原始凭证的真实性。真实性的审核包括凭证日期是否真实、业务内容是否真实、数据是否真实等内容。对外来原始凭证,必须有填制单位公章和填制人员签章;对自制原始凭证,必须有经办部门和经办人员的签名或盖章。此外,对通用原始凭证,还应审核凭证本身的真实性,以防假冒的原始凭证记账。

(2) 原始凭证的合法性。审核原始凭证所记录经济业务是否有违反国家法律法规的情况,是否符合规定的审核权限,是否履行了规定的凭证传递和审核程序,是否有贪污腐败等行为。

(3) 原始凭证的合理性。审核原始凭证所记录经济业务是否符合企业生产经营活动的需要,是否符合有关的计划和预算等。

(4) 原始凭证的完整性。审核原始凭证各项基本要素是否齐全,是否有漏项情况,日期是否完整,数字是否清晰,文字是否工整,有关人员签章是否齐全,凭证联次是否正确等。

(5) 原始凭证的正确性。审核原始凭证各项金额的计算及填写是否正确。

(6) 原始凭证的及时性。审核时应当注意审查凭证的填写日期,尤其是支票、银行汇票、银行本票等这些时效性比较强的原始凭证,更应当仔细验证其签发日期。

经审核的原始凭证应根据不同情况分别处理。对于完全符合要求的原始凭证(没错),应及时据以编制记账凭证入账;对于真实、合法、合理但内容不够完整、填写有错误的原始凭证(错误不严重),应退回给有关经办人员,由其负责将有关凭证补充完整、更正错误或重开后再正式办理会计手续;对于不真实、不合法的原始凭证(错误严重),会计机构、会计人员有权不予接受,并向单位负责人报告。

(四) 原始凭证的粘贴

应按照下列要求进行粘贴、整理原始凭证,不得随意、无序粘贴。

(1) 粘贴原始凭证时,必须使用统一印制的单据粘贴单、差旅费报销单等相关单据,不得使用自行印制或购买的单据粘贴单和差旅费报销单等。

(2) 应按照末级会计科目(如办公费、招待费等)进行分类整理原始凭证,同类末级会计科目的原始凭证应粘贴在一起。

(3) 同类原始凭证如果数量较多、大小不一,应按凭证规格的大小进行分类,同一张单据粘贴单上所粘贴的凭证尽量保持大小一致。每张单据粘贴单所粘贴的凭证不得过多,规格较大的凭证(如购物发票等)可粘贴 2~6 张;规格较小的凭证(如停车费、过路过桥费、定额餐饮发票等)可粘贴 8~10 张。

(4) 在单据粘贴单上粘贴凭证时,应由上而下、自左至右均匀排列粘贴。一般粘贴 2 列,每列 4~5 张,在粘贴线内均匀粘贴。上、下及右方不得超出粘贴线,两列之间不得重叠、留空或大量叠压粘贴。原始凭证应保持原样粘贴,个别规格参差不齐的凭证,可先裁边整理后再行粘贴,但必须保证原始凭证内容的完整性。

(5) 对于规格较大、纸质较硬的原始凭证(如证明文件),每张单据粘贴单限粘贴 2 张,要分张折叠;规格大小要与单据粘贴单的规格保持一致。

(6) 粘贴完原始凭证后,须将凭证张数、合计金额填列完整。在当年预算列支的经费支出凭证须填制支出报销汇总单;在往来款科目列支的支出凭证须填制往来款支出汇总单,并将单据名称、日期、科目、金额、张数和报销人员签字等内容填列完整。做到书写正规、清楚,计算正确。每张汇总单所附原始凭证不得过厚,以不超过 5 毫米为宜。

(7) 对出差报销凭证(如住宿费、过路过桥费、车船票等)均应使用差旅费报销汇总单做封面。粘贴时,应先将凭证粘贴在单据粘贴单上,然后加贴差旅费报销汇总单,不得直接在差旅费报销汇总单的背面粘贴报销凭证。出差期间因工作需要支出的接待费凭证须单独粘贴,不得混同于差旅费报销。

(8) 使用优质胶水粘贴原始凭证,以保证凭证的粘贴效果。粘贴凭证如果数量较多、厚度较高,则应在粘贴线外加粘贴条,粘贴好后及时用重物压平,以防褶皱、膨大,确保凭证整体平整。

(9) 对借款单、转账支票借用单,以及会议费、接待费、办公耗材、设备购置等单张需转账支付的凭证,单位可不粘贴,签字后,经办人、收款人可持凭证直接到支付中心,由支付中心进行粘贴整理。报账人员须提醒经办人、收款人,不得褶皱、损毁凭证,保持凭证票面整洁。如需注明列支渠道、说明等,要在凭证上做标记。

(10) 行政事业单位财政直接支付申请业务的,财政授权支付电汇业务原始凭证需粘贴在财政直接支付申请信息通知单上。

三、记账凭证的填制和审核

(一)记账凭证填制的基本要求

记账凭证是登记账簿的依据,正确填制记账凭证是保证账簿记录正确的基础。填制记账凭证应符合以下基本要求。

(1) 审核无误。在原始凭证审核无误的基础上填写记账凭证,这是内部控制制度的一个重要环节。

(2) 内容完整。记账凭证应包括的内容都要具备。应该注意的是,记账凭证的日期一般为编制记账凭证当天的日期,按权责发生制原则计算收益、分配费用、结转成本利润等调整分录和结账分录的记账凭证,应填写当月月末的日期,以便在当月的账内进行登记。

(3) 分类正确。即根据经济业务的内容,正确区别不同类型的原始凭证,正确应用会计科目。在此基础上,记账凭证可以根据每一张原始凭证填制,或者根据若干张同类原始凭证汇总编制,也可以根据原始凭证汇总表填制,但不能将不同内容和类别的原始凭证汇总填制在一张记账凭证上。

(4) 连续编号。即记账凭证应连续编号。这有利于分清会计事项处理的先后,便于记账凭证与会计账簿之间的核对,确保记账凭证的完整。

(二) 记账凭证填制的具体要求

(1) 除结账和更正错误外,记账凭证必须附有原始凭证并注明原始凭证的张数。

(2) 一张原始凭证所列的支出需要由两个以上的单位共同负担时,应当由保存该原始凭证的单位开给其他单位原始凭证分割单。

(3) 给记账凭证标号是为了分清记账凭证处理的先后顺序,便于登记账簿和进行记账凭证与账簿记录的核对,防止记账凭证的丢失,并且方便日后查找。记账凭证编号的方法有多种:一种是将财会部门内的全部记账凭证作为一类统一编号,编为记字第××号;一种是分别按现金和银行存款收入、现金和银行存款付出以及转账业务三类进行编号,分别编为收字第××号、付字第××号、转字第××号;还有一种是按现金收入、现金付出、银行存款收入、银行存款付出和转账五类进行编号,分别编为现收字第××号、现付字第××号、银收字第××号、银付字第××号、转字第××号。各单位应根据本单位业务繁简程度、人员多寡和分工情况来选择便于记账、查账、内部稽核、简单严密的编号方法。记账凭证无论是统一编号还是分类编号,都应该按月顺序编号,即每月都从1号编起,顺序编至月末。一张记账凭证编一个号,不得跳号、重号。当分录比较长,一张凭证写不下时,在凭证编码上可以用分数的形式编写。

(4) 若记账之前发现记账凭证有错误,则应重新编制正确的记账凭证,并将错误凭证作废或撕毁。已经登记入账的记账凭证,在当年内发现填写错误时,应用红字填写一张与原内容相同的记账凭证,"摘要"栏注明"注销某月某日某号凭证"字样,同时再用蓝字重新填制一张正确的记账凭证,注明"订正某月某日某号凭证"字样。如果会计科目没有错误,只是金额错误,也可以将正确数字与错误数字之间的差额,另编一张记账凭证调整,调增金额用蓝字,调减金额用红字。发现以前年度的错误,则应用蓝字填制一张更正的记账凭证。

(5) 实行会计电算化的单位,其机制记账凭证应当符合记账凭证的一般要求,并应认真审核,做到会计科目使用正确,数字准确无误。打印出来的机制记账凭证上要加盖制单人员、审核人员、记账人员和会计主管人员印章或者签字,以明确责任。

(6) 记账凭证填制完经济业务事项后,如有空行,应当在金额栏自最后一笔金额数字下空行处至合计数上的空行处画线注销。

(7) 正确编制会计分录并保证借贷平衡。

(8) 摘要应与原始凭证内容一致,能正确反映经济业务的主要内容,表述简单精练。

(9) 只涉及现金和银行存款之间收入或付出的经济业务,应以付款业务为主,只填制付款凭证,不填制收款凭证,以免重复。

(10) 在出现以下经济业务时,要同时编制两种记账凭证。一种是销售一批产品,现有一部分贷款已收到,而另一部分贷款没有收到,应该同时编制收款凭证和转账凭证两种;二是业务人员出差回来后报销差旅费,余款退回,同时编制收款凭证和转账凭证两种。

（三）记账凭证的审核内容

所有填制好的记账凭证都必须经过其他会计人员的认真审核。在审核记账凭证的过程中，如发现记账凭证填制有误，就应当按照规定的方法及时加以更正。只有经过审核无误的记账凭证才能作为登记账簿的依据。记账凭证的审核主要包括以下内容。

(1) 记账凭证是否有原始凭据，记账凭证的经济内容是否与所附原始凭证的内容相同。
(2) 应借应贷的会计账户（包括二级或明细账户）的对应是否清晰、金额是否正确。
(3) 记账凭证的项目是否填制完整，摘要是否清晰，有关人员的签章是否齐全。

四、账务处理程序

账务处理程序的基本模式可以概括为：原始凭证—记账凭证—会计账簿—会计报表，如图2-1所示。我国企业目前一般采用的会计核算形式主要有记账凭证核算形式、汇总记账凭证核算形式、科目汇总表核算形式、多栏式日记账核算形式、日记总账核算形式。应当指出，会计核算形式多种多样，目前还在不断地发展。各种会计账务处理程序的主要区别在于登记总分类账的依据和方法不同，但是，出纳业务处理的步骤基本上一致。本实训采用科目汇总表账务处理程序，能减轻登记总分类账的工作量，并可做到试算平衡，简单易懂，方便易学。但科目汇总表不能反映账户对应关系，不便于查对项目。它适用于经济业务较多的单位。

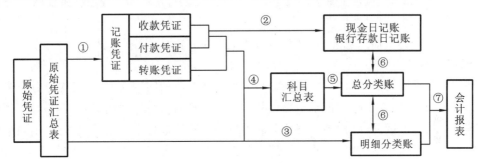

图 2-1 账务处理程序的基本模式

第一步，制单。这一步的主要工作在于审核原始凭证，并根据审核无误的原始凭证编制记账凭证(采用通用记账凭证即可)。

第二步，登记日记账及各种明细账。该环节分成以下若干单位：销售与收款、采购与付款、生产业务、融资业务、出纳业务等。通过这种具体的岗位分工来强调不同岗位对会计信息的责任。同时，也可以利用不同岗位会计信息之间的内在联系来加强会计外部监督与审计工作。将这五个方面与有关账户进行合理划分。需要强调的是，这五个方面的会计人员配备应结合企业的规模、业务特点等做适当调整，在遵守内部牵制的前提下，可以一人多岗或一岗多人。大中型企业应做到五个岗位分设，小型企业也可以简化合并。

第三步，登记总账。根据记账凭证每10天汇总登记总账项目。

第四步，对账与结账。由于总账、日记账、明细账分别由多个财会人员登记，不可避免地存在这样或那样的错误，因此，每月月末，财会人员要进行对账，将日记账与总账核对、明细账与总账核对，做到账账相符。此外，财会人员月末还要进行结账，即计算会计账户的本期发生额和余额，结束账簿记录。根据银行存款日记账和银行对账单进行对账，并生成"银行存款余额调节表"。

第五步,编制会计报表。根据日记账、明细账和总账编制管理者所需的财务报表和内部报表。

五、账簿登记与错账更正

(一) 会计账簿设置规范

会计账簿的设置是各企事业单位根据《会计法》、《会计基础工作规范》和《企业会计制度》的原则规定、结合本单位会计核算业务的需要,建立有关的会计账簿,构成本企业会计核算体系的过程。

会计账簿的设置一般是在企业开张或更换新账之前进行。所有实行独立核算的国家机关、社会团体、公司、企业、事业单位和其他组织都必须依法记置登记会计账簿,并保证其真实、完整。不得违反《会计法》和国家统一的会计制度规定私设会计账簿进行登记。但建账册数以及每册账簿选用的格式可根据企业的实际情况来确定。

1. 总账和日记账的设置

总账和日记账一般采用订本式。结合企业业务量的大小,尽量使选用的账页满足一年所用。活页账装订成册时,应注意纸色、大小的一致性,且装订应排齐订紧,以保证账本外形美观,防止账页松动。

同一年度的账簿封面颜色应力求统一,每年应更换一色,以便于区别。

2. 明细账的设置

各种明细分类账按照二级科目设置账户,记录经济业务的明细情况,这是对总分类账的必要补充。一般来说,明细账除了记录金额以外,还要记录实物数量、费用与收入的构成、债权债务结算等具体情况。因此,要按照经济业务的不同特点和管理要求采用不同格式、不同形式的账页。明细账一般采用活页账,有些也采用卡片账。其基本格式主要有三栏式、数量金额式、多栏式、横线登记式几种格式。生产成本、制造费用、销售费用、管理费用和财务费用等科目的明细核算可采用规范化的多栏式明细账。

3. 辅助账的设置

辅助账(备查账簿)按其所反映的经济业务事项分别设立账户,如租入固定资产登记簿是按出租单位和固定资产名称设立账户。

4. 会计账簿封面的设置

会计账簿应设置封面、标明单位名称、账簿名称及所属会计年度。账簿的扉页应设立账簿启用表。账簿的第一页应设置账户目录并注明各账户页次。

5. 会计账簿账户的设置

账簿中的总账是按会计科目的名称和顺序设立的,每一个科目设立一个账户。原则上每一个子目设立一个明细账户,但可根据实际情况增设或删减。

为使查找方便、提高登账速度,可以在账簿上方或右面粘贴标签纸,写上会计科目。标签纸的高度标准为:打开账本封面,可见标签纸上科目名称;合上账本封面,几乎不露标签纸。

（二）会计账簿登记规范

1. 会计账簿启用

（1）设置账簿的封面、封底。除订本式账簿不另设封面外，各种活页式账簿均应设置与账页大小相一致的账夹、封面、封底，并在封面正中部分设置封签，用蓝黑墨水书写单位名称、账簿名称及所属会计年度。

（2）填写账簿启用及经管人员一览表。启用新会计账簿时，应首先填写账簿扉页上印制的"账簿启用及交接表"中的启用说明，内容包括：启用日期、账簿页数、记账人员和会计机构负责人、会计主管人员姓名，并加盖名章和单位公章。

记账人员或者会计机构负责人、会计主管人员调动工作时，应办理交接手续并填写"账簿启用及交接表"，注明交接日期、接办人员或者监交人员姓名，并由交接双方人员签名或者盖章。

（3）编写账簿页码和账户目录。启用订本式账簿时，应当从第一页到最后一页顺序编定页数，不得跳页、缺号。使用活页式账页时，应当按账户顺序编号，并定期装订成册。装订后再按实际使用的账页顺序编定页码，另加目录记明每个账户的名称和页次。

（4）粘贴印花税票内容。

① 使用缴款书缴纳印花税，在账簿启用表右上角注明"印花税"已缴及缴款金额，缴款书作为×年×月×日第×号记账凭证的原始凭证。

② 粘贴印花税票的账簿，印花税票一律贴在账簿启用表的右上角，并在印花税票的中间画两条出头的注销线，以示税票注销。

2. 会计账簿的登记

会计人员应根据审核无误的会计凭证登记会计账簿。登记账簿的基本要求如下。

（1）登记会计账簿时，将会计凭证日期、编号、业务内容摘要、金额和其他有关资料逐项计入账内，做到数字准确、摘要清楚、登记及时、字迹工整。

（2）登记完毕后，要在记账凭证上签名或者盖章，并注明已经登账的符号，表示已经记账。

（3）账簿中书写的文字和数字应在簿页格子上留有适当空间，不要写满格子，一般应占格距的1/2。

（4）登记账簿要用蓝黑墨水或者碳素墨水书写，不得使用圆珠笔（银行的复写账簿除外）或者铅笔书写。

（5）下列情况，可以用红色墨水记账。

① 按照红字冲账的记账凭证，冲销错误记录。

② 在仅设借（贷）方的多栏式账页中，登记冲减数。

③ 画更正线、结账线和注销线。

④ 在冲销银行存款日记账时，登记冲销的支票号码。

⑤ 按暂估价入账的材料或商品，下月初可用红字冲回上述暂估价。

⑥ 销售产品发生退货时，用红字冲减原先入账的销售收入和销售成本。

⑦ 账簿一页之内的多余行次，画红色斜线注销。

⑧ 在没印明余额方向时，用红字表示"负数"。

（6）各种账簿按页次顺序连续登记，不得跳行、隔页。如果发生跳行、隔页，则应当将空行、空页画线注销，或者注明"此行空白"、"此页空白"字样，并由记账人员签名或者盖章。

（7）凡需要结出余额的账户，结出余额后应当在"借或贷"等栏内写明"借"或者"贷"等字样。没有余额的账户，应当在"借或贷"等栏内写"平"字，并在余额栏内用"0"表示。现金日记账和银行存款日记账必须逐日结出余额。

（8）每一账页登记完毕结转下页时，应当结出本页合计数及余额，写在本页最后一行和下页第一行有关栏内，并在摘要栏内注明"过次页"和"承前页"字样。也可以将本页合计数及金额只写在下页第一行有关栏内，并在摘要栏内注明"承前页"字样。

对需要结计本月发生额的账户，结计"过次页"的本页合计数应当为自本月初起至本页末止的发生额合计数；对需要结计本年累计发生额的账户，结计"过次页"的本页合计数应当为自年初起至本年末止的累计数；对既不需要结计本月发生额也不需要结计本年累计发生额的账户，可以只将每页末的余额结转次页。

3. 错账的更正方法

在记账过程中，如果账簿记录发生错误，不准涂改、挖补、刮擦或用药水消除字迹；不准重新抄写，应根据错误的性质和发现的时间等具体情况，按规定的更正错账方法予以更正。更正错账的方法一般有以下几种。

1）画线更正法

在结账前，如发现账簿上所记的文字和数字有错误，而记账凭证无误，则应采用画线更正法。更正的方法是：先将错误的文字或数字用一条单红线注销，但必须使原有字迹仍可辨认；然后在红线上方的空白处写上正确的文字或数字，并由记账人员在更正处盖章，以示负责。画线注销时要在画掉错误数字时将整笔数字画红线注销，不能只注销个别写错的数字。例如，把908元写成980元时，应将错误数字即"980"全部用红线注销，而不能只注销"80"。

2）红字更正法

红字更正法又叫红字冲账法，它是会计核算中由于记账凭证错误导致账簿记录有误，用红字冲销或冲减原计数额来更正或调整账簿记录的一种方法。一般适用于以下两种情况。

① 记账以后，发现记账凭证中应借应贷科目和金额有错误，导致账簿记录错误，则采用红字更正法更正。具体做法：先用红字填写一张与原错误记账凭证完全相同的记账凭证，在"摘要"栏注明更正某年某月某日的错账，并据以用红字登记入账，以冲销原来的错误记录。然后用蓝字填写一张正确的记账凭证，在"摘要"栏注明更正某年某月某日的错账，并据以登记有关账户。

② 记账后，发现记账凭证和账簿记录的金额有错误（所填金额大于应填金额），而原记账凭证中应借应贷科目并无错误，则采用红字更正法。具体做法：将多记的金额用红字填制一张记账凭证，"摘要"栏注明更正某年某月某日的错账，并据以登记入账，以冲销多记金额。

（3）补充登记法

记账后，发现记账凭证和账簿中应借应贷的科目并无错误，但是所填金额小于应填金额，则采用补充登记法更正。具体做法：按正确数字与错误数字的差额（即少计的金额），用蓝字编制一张应借应贷科目与原记账凭证相同的记账凭证，在"摘要"栏中注明更正某年某月某日的错账，并据以登记入账，以补充少计的金额。

六、对账、结账与试算平衡

(一) 对账

《会计法》第十七条规定:"各单位应当定期将会计账簿记录与实物、款项及有关资料相互核对,保证会计账簿记录与实物及款项的实有数额相符、会计账簿记录与会计凭证的有关内容相符、会计账簿之间相对应的记录相符、会计账簿记录与会计报表的有关内容相符。"

对账包括账簿与凭证的核对、账簿与账簿的核对、账簿与财产物资实存数额的核对。由于对账的内容不同,因此对账的方法也有所不同。一般的核对方法和内容如下。

1. 账证核对

账证核对是指将账簿记录与记账凭证、原始凭证进行核对,这是账账相符、账实相符、账表相符的前提条件。这种核对工作平常是通过编制凭证和记账中的"复核"环节进行的,使错账能及时更正。账证核对的内容包括总账与记账凭证汇总表是否相符,明细账与记账凭证的会计科目、子目、借贷金额、摘要是否相符,对序时账与记账凭证及所附原始凭证要核对经济业务的内容及金额;涉及支票的,应核对支票号码;涉及银行其他结算票据的,应核对票据种类,以保证账证相符。

2. 账账核对

账账核对是指各种账簿之间的有关数字核对。通常有以下几种。

(1) 总账资产类科目各账户期末余额合计与负债和所有者权益类科目各账户期末余额合计应相等,每一汇总期至少要核对一次。

(2) 总账各账户与所辖明细账户每一汇总期至少核对一次。核对相符后,要在对账栏打"√"符号,以示账簿核对完毕。

(3) 会计部门的总账、明细账与业务、仓储部门的业务账、卡和保管账之间,与有关职能部门的财产、业务周转金(备用金)之间以及有关代管、备查簿之间的账目,包括收、付、存数量和金额,每月至少要核对一次。

3. 账实核对

账实核对包括账物和账款的核对。账实核对的基本内容如下。

(1) 现金日记账的账面余额与现金实际库存数额应每日核对,单位主管会计每月至少应抽查一次,并填写库存现金核对情况报告单。

(2) 银行存款日记账的账面余额与开户银行对账单核对。通过核对,每月编制一次银行存款余额调节表。

(3) 有价证券账户应与单位实存有价证券(或收款收据)相符,每半年至少核对一次。

(4) 商品、产品、原材料及包装物明细账的账面余额应定期与实存数相核对。

(5) 各种债权、债务类明细账的账面余额与债权、债务人相核对,并督促有关责任人积极处理。

(6) 出租、租入、出借、借入财产等账簿,除合同期满应进行清查外,至少每半年核对一次,以保证账账相符、账实相符。

(二) 结账

结账是指在将本期内所发生的经济业务事项全部登记入账的基础上,按照规定的方法对该期内的账簿记录进行小结,结算出本期发生额合计和余额,并将其余额结转下期或者转入新账。

结账可分为月结、季结和年结等。为了正确反映一定时期内在账簿记录中已经记录的经济业务事项,总结有关经济业务活动和账务状况,各单位必须在会计期末进行结账,不能为赶编财务会计报告而提前结账,更不能先编制财务会计报告后结账。

(1) 结账前,应将本期内所发生的经济业务事项全部登记入账,对需要调整的账项及时调整。

(2) 结账时,应当根据不同的账户记录,分别采用不同的方法。

① 对不需要按月结计本期发生额的账户,如各项应收、应付款明细账和各项财产物资明细账等,每次记账以后都要随时结出余额,每月最后一笔余额即为月末余额。月末结账时,只需要在最后一笔经济业务事项记录之下通栏画单红线,不需要再结计一次余额。

② 现金、银行存款日记账和需要按月结计发生额的收入、费用等明细账,每月结账时,要在最后一笔经济业务事项记录下面通栏画单红线,结出本月发生额和余额,在摘要栏内注明"本月合计"字样,在下面通栏画单红线。

③ 需要结计本年累计发生额的某些明细账户,每月结账时,应在"本月合计"行下结出自年初起至本月末止的累计发生额,登记在月份发生额下面,在摘要栏内注明"本年累计"字样,并在下面通栏画单红线。十二月末的"本年累计"就是全年累计发生额,在全年累计发生额下通栏画单红线。

④ 总账账户平时只需结出月末余额。年终结账时,为了总括反映全年各项资金运动情况的全貌,核对账目后要将所有总账账户结出全年发生额和年末余额,在摘要栏内注明"本年合计"字样,并在合计数下通栏画双红线。

(3) 年度终了结账时,要把有余额的账户结转到下一会计年度。只需在"摘要"栏内注明"结转下年"字样,在下一会计年度新建有关会计账簿的第一行"余额"栏内填写上年结转的余额,在"摘要"栏内注明"上年结转"字样。

(三) 试算平衡

试算平衡是指按记账规则记账后,根据会计恒等式的平衡关系检查资产与负债及所有者权益是否平衡的一种方法。在对所有经济业务填制会计凭证、登记账簿、对账、调账和结账完成之后,在编制会计报表之前先要进行试算平衡。

按照"有借必有贷、借贷必相等"的记账规则记账后,每项经济业务自然平衡,借方金额一定等于贷方金额。根据这个原理,将全部经济业务都登记到有关账户后,全部账户的借方余额之和应等于全部账户的贷方余额之和。要做到这点,事实上很不容易,需要有一种方法达到上述目的,这就是试算平衡。

1. 发生额平衡

按照"有借必有贷、借贷必相等"的记账规则,因为每笔业务借贷双方的发生额必然相等,所以,一定时期(如一个月)全部经济业务计入有关账户后的所有账户借方发生额合计一定等于贷方发生额合计。用公式表示如下:

$$\text{全部账户本期借方发生额合计} = \text{全部账户本期贷方发生额合计}$$

2. 余额平衡

按照"资产=负债+所有者权益"会计恒等式的原理,各账户结出余额后,全部账户借方余额合计一定等于全部账户贷方余额合计。用公式表示如下：

$$全部账户本期借方余额合计＝全部账户本期贷方余额合计$$

3. 编制"总分类账户发生额及余额平衡表"

试算平衡可以将发生额与余额平衡的原理统一于一张表格内，编制出"总分类账户发生额及余额平衡表"。具体做法如下：

首先将全部总分类账户名称抄列到"会计科目"栏内，然后将各账户的期初余额、期末余额和本期借方发生额合计、贷方发生额合计分别填入各金额栏。按上述两个公式检查相关各项是否相等。若相等即试算平衡，由此可以基本上推断总分类账是正确的。

七、财务会计报告的编制

（一）财务报告的组成

根据《会计法》的规定，财务会计报告由会计报表、会计报表附注和财务情况说明书组成。

1. 会计报表

会计报表是财务会计报告的主要组成部分。它是根据会计账簿记录和有关资料，按照规定的报表格式，总括反映一定期间的财务状况、经营成果和现金流量等信息的一种报告文件。公司、企业的会计报表主要包括资产负债表、利润表、现金流量表、所有者权益变动表。

2. 会计报表附注

会计报表附注是对会计报表的补充说明，也是财务会计报告的重要组成部分。会计报表附注主要包括两项内容：一是对会计报表各要素的补充说明；二是对那些会计报表中无法描述的其他财务信息的补充说明。以公司、企业为例，会计报表附注的内容一般包括：会计报表各项目的增减变动情况；公司、企业所采用的基本会计假设；公司、企业所采用的主要会计政策、会计估计及其变更；关联方关系及其交易；或有事项和资产负债表日后事项；其他重大事项等。

3. 财务情况说明书

财务情况说明书是对单位一定会计期间内财务、成本等情况进行分析总结的书面文字报告，也是财务会计报告的重要组成部分。公司、企业的财务情况说明书的内容一般包括：公司、企业生产经营状况；税金缴纳情况；各种财产物资变动情况；其他需要说明的事项。

（二）财务报告的编制要求

根据《会计法》的规定，编制财务会计报告的基本要求是数字真实、计算准确、内容完整、报送及时。

财务会计报告编制的具体要求如下。

1. 关于编制依据的要求

编制财务会计报告，必须根据审核无误的会计账簿记录和有关资料进行，做到数字真实、计算准确、内容完整、说明清楚，任何人不得篡改或者授意、指使、强令他人篡改财务会计报告的有关数字。

2. 关于编制格式的要求

编制财务会计报告，应当根据国家统一的会计制度规定的格式和要求进行，认真编写会计报表附注及其说明，做到项目齐全、内容完整。

3. 关于编制标准一致的要求

单位向不同的会计资料使用者提供的财务会计报告,其编制的依据应当一致。根据《会计基础工作规范》第六十八条的规定,会计报表之间、会计报表各项目之间,凡有对应关系的数字,应当相互一致;本期会计报表与上期会计报表之间的有关数字应当相互衔接;如果不同会计年度会计报表中各项目的内容和核算方法有变更的,应当在年度会计报表中加以说明。

(三) 会计报表的编制规范

1. 资产负债表的编制

1) 资产负债表的内容

资产负债表是反映企业在资产负债表日(或报告期末)全部资产、负债和所有者权益情况的报表。它是一张揭示在一定时点上财务状况的静态报表。资产负债表一般按照流动资产、非流动资产分类,并进一步分项列示。流动资产是指预计在一个营业周期中实现、出售或耗用,或者主要为交易目的而持有,或者预计自资产负债表日起一年内变现的资产,以及自资产负债表日起一年内交换其他资产或清偿负债的能力不受限制的现金或现金等价物。流动资产项目包括货币资金、交易性金融资产、应收票据、应收账款、应收股利、应收利息、预付账款、其他应收款、存货和一年内到期的非流动资产等。非流动资产是指除了流动资产以外的资产。非流动资产项目包括可供出售金融资产、持有至到期投资、长期应收款、长期股权投资、投资性房地产、固定资产、工程物资、在建工程、固定资产清理、无形资产和长期待摊费用。

负债一般分为流动负债和非流动负债。流动负债是指预计在一个正常营业周期中清偿,或者自资产负债表日起一年内(含一年)到期应予以清偿,或者企业无权自主将清偿期推迟至资产负债表日后一年以上的负债。流动负债项目包括短期借款、交易性金融负债、应付票据、应付账款、预收账款、应付职工薪酬、应交税费、应付利息、应付股利、其他应付款、一年内到期的非流动负债等。非流动负债是指流动负债以外的负债。非流动负债项目包括长期借款、应付债券、长期应付款和其他非流动负债。

所有者权益是指企业资产扣除负债后由所有者享有的剩余权益。

2) 资产负债表的格式

资产负债表常用的格式有账户式和报告式两种,我国采用的是账户式。账户式资产负债表的基本结构分为左、右两方。左方列示资产各项目,按资产的流动性大小排列,流动性大的资产排在前面,流动性小的排在后面,反映资产的分布情况。右方列示负债和所有者权益各项目,一般按求偿权先后排列,需要在一年以内或者长于一年的一个营业周期内偿还的流动负债项目排在前面,在一年或者长于一年的一个营业周期以上才需要偿还的非流动负债项目排在中间,在企业清算以前不需要偿还的所有者权益排在最后,反映资产形成来源情况。账户式资产负债表左方各项目合计数与右方各项目合计数相等,保持平衡。

3) 资产负债表的编制方法

资产负债表"年初数"栏内各项数字,应根据上年末资产负债表"期末数"栏内所列数字填列。资产负债表"期末数"栏内各项数字,应根据会计账簿记录填列。大多数报表项目可以直接根据账户余额填列,少数报表项目则要根据账户余额进行分析、计算后才能填列。其编制方法一般有以下几种情况。

(1) 根据总账账户余额直接填列。该表大多数项目都可以根据相应的总分类账户期末余额直接填列。如"短期借款"、"应付票据"、"应付职工薪酬"、"应交税费"、"实收资本"、"资本公积"、"盈余公积"等项目。

（2）根据几个总账账户的余额计算填列。如"货币资金"项目，应根据"库存现金"、"银行存款"、"其他货币资金"三个总账账户的期末余额的合计数填列；"存货"项目，应根据"在途物资"、"原材料"、"库存商品"、"生产成本"等总账账户期末余额合并之后加上或减去"材料成本差异"、"商品进销差异"期末余额后的金额填列。

（3）根据明细账户的余额计算填列。如"应付账款"项目，需要根据"应付账款"和"预付账款"两个账户所属明细账户的期末贷方余额计算填列；"应收账款"项目，需要根据"应收账款"和"预收账款"两个账户所属明细账户的期末借方余额计算填列。

（4）根据总账账户和明细账户的余额分析计算填列。如"长期借款"项目，应当根据"长期借款"总账账户余额扣除"长期借款"账户所属明细账户中在一年内将到期且企业不能自主将清偿义务展期的长期借款后的金额计算填列。

（5）根据有关账户余额减去其备抵账户后的净额填列。如资产负债表中的"应收票据"、"应收账款"、"长期股权投资"、"在建工程"等项目，应当根据"应收票据"、"应收账款"、"长期股权投资"、"在建工程"等账户的期末余额减去"坏账准备"、"长期股权投资减值准备"、"在建工程减值准备"等账户余额后的净额填列；"固定资产"项目，应当根据"固定资产"账户的期末余额减去"累计折旧"、"固定资产减值准备"备抵账户余额后的净额填列；"无形资产"项目，应根据"无形资产"账户的期末余额减去"累计摊销"、"无形资产减值准备"备抵账户后的净额填列。

2．利润表的编制

1）利润表的内容

利润表又称损益表，是反映企业在一定期间的经营成果的报表，是动态报表。利润表的内容包括营业利润、利润总额和净利润。

2）利润表的格式

目前普遍采用的利润表的结构有多步式和单步式两种，我国一般采用多步式利润表格式。

第一步，以营业收入为基础，减去营业成本、销售费用、管理费用、财务费用、资产减值损失，加上公允价值变动收益（减去公允价值变动损失）、投资收益（减去投资损失）等。

第二步，以营业利润为基础，加上营业外收入，减去营业外支出，计算出利润总额。

第三步，以利润总额为基础，减去所得税费用，计算出净利润（或亏损）。

3）利润表的编制方法

利润表内各项目的数字应以有关账户本期发生额为依据填列。填列方法有以下几种。

（1）根据有关账户的发生额分析填列。如销售费用、管理费用、财务费用、资产减值损失、营业外收入、营业外支出、所得税费用等。通常，收入类项目根据相同名称的有关账户的贷方发生额填列，费用类项目则根据相同名称的有关账户的借方发生额填列。

（2）根据两个账户的发生额分析填列。如"营业收入"项目根据"营业收入＝主营业务收入＋其他业务收入"计算得出，"营业成本"则根据"营业成本＝主营业务成本＋其他业务成本"计算得出。

（3）根据利润表内项目加减填列。如：

营业利润＝营业收入－营业成本－销售费用－管理费用－财务费用
　　　　－资产减值损失＋公允价值变动收益（或－公允价值变动损失）
　　　　＋投资收益（或－投资损失）－信用减值损失

利润总额＝营业利润＋营业外收入－营业外支出

净利润＝利润总额－所得税费用

利润表中金额分为"本月数"和"本年累计数"两栏。

利润表中的"本月数"栏反映各项目的本月实际发生数,应根据各有关损益类账户的本期发生额分析计算填列。在编制中期报告时,填列上年同期实际发生数;在编制年度会计报告时,填列上年全年累计实际发生数,并将年度利润表的"本月数"栏改成"上年数"栏。如项目名称和内容不一致,则应按本年度的规定调整。

"本年累计数"栏各项目,反映自年初起至本月止累计实际发生数。应根据上期利润表中"本年累计数"加"本月数"填列。

3. 现金流量表的编制

1）现金流量表的内容

现金流量表,是指反映企业在一定会计期间现金和现金等价物流入和流出的报表。从编制原则上看,现金流量表按照收付实现制原则编制,将权责发生制下的盈利信息调整为收付实现制下的现金流量信息,便于信息使用者了解企业净利润的质量。从内容上看,现金流量表被划分为经营活动、投资活动和筹资活动三个部分,每类活动又分为各具体项目,这些项目从不同角度反映企业业务活动的现金流入与流出,弥补资产负债表和利润表提供信息的不足。通过现金流量表,报表使用者能够了解现金流量的影响因素,评价企业的支付能力、偿债能力和周转能力,预测企业未来现金流量,为其决策提供有力依据。

2）现金流量表的结构

在现金流量表中,现金及现金等价物被视为一个整体,企业现金形式的转换不会产生现金的流入和流出。同样,现金与现金等价物之间的转换也不属于现金流量。根据企业业务活动的性质和现金流量的来源,现金流量表在结构上将企业一定期间产生的现金流量分为三类:经营活动产生的现金流量、投资活动产生的现金流量和筹资活动产生的现金流量。现金流量表的具体格式见实训资料。

3）现金流量表的编制方法及程序

（1）直接法和间接法。

编制现金流量表时,列报经营活动现金流量的方法有两种:一是直接法,二是间接法。直接法是通过现金流入和现金流出的主要类别来反映企业经营活动产生的现金流量。在我国,直接法下经营活动产生的现金流入可分为:销售活动、提供劳务收到的现金,收到的税费返还,收到的其他与经营活动有关的现金等类别;现金流出可分为:购买商品、接受劳务支付的现金,支付给职工以及为职工支付的现金,支付的各项税费,支付的其他与经营活动有关的现金等类别。间接法是以本期净利润为起算点,调整不涉及现金的收入、费用、营业外收支等有关项目的增减变动,据此计算出经营活动产生的现金流量。在我国,现金流量表以直接法编制,但在现金流量表的附注补充资料中还要按照间接法反映企业经营活动现金流量的情况。

（2）工作底稿法、T形账户法和分析填列法。

在具体编制现金流量表时,可以采用工作底稿法或 T 形账户法,也可以根据有关科目记录分析填列。

采用工作底稿法编制现金流量表,是以工作底稿为手段,以资产负债表和利润表数据为基础,对每一项目进行分析并编制调整分录,从而编制现金流量表。工作底稿法的程序如下。

第一步,将资产负债表的期初数和期末数过入工作底稿的期初数栏和期末数栏。

第二步,对当期业务进行分析并编制调整分录。编制调整分录时,要以利润表项目为基础,从"营业收入"开始,结合资产负债表项目逐一进行分析。在调整分录中,有关现金和现金等价物的事项并不直接借记或贷记现金,而是分别计入"经营活动产生的现金流量"、"投资活动产生的现金流量"、"筹资活动产生的现金流量"有关项目。借记表示现金流入,贷记表示现金流出。

第三步,将调整分录过入工作底稿中的相应部分。

第四步,核对调整分录,借方、贷方合计数均应相等,资产负债表项目期初数加减调整分录中的借贷金额以后也等于期末数。

第五步,根据工作底稿中的现金流量表项目部分编制正式的现金流量表。

采用T形账户法编制现金流量表,是以T形账户为手段,以资产负债表和利润表数据为基础,对每一项目进行分析并编制调整分录,从而编制现金流量表。T形账户法的程序如下。

第一步,为所有的非现金项目(包括资产负债表项目和利润表项目)分别开设T形账户,并将各自的期末期初变动数过入各账户。如果项目的期末数大于期初数,则将差额过入和项目余额相同的方向;反之,过入相反的方向。

第二步,开设一个大的"现金及现金等价物"T形账户,每边分为经营活动、投资活动和筹资活动三个部分,左边记现金流入,右边记现金流出。与其他账户一样,过入期末期初变动数。

第三步,以利润表项目为基础,结合资产负债表分析每一个非现金项目的增减变动,并据此编制调整分录。

第四步,将调整分录过入各T形账户,并进行核对,该账户借贷相抵后的余额与原先过入的期末期初变动数应当一致。

第五步,根据大的"现金及现金等价物"T形账户编制正式的现金流量表。

分析填列法是直接依据资产负债表、利润表和有关会计科目明细账的记录,分析计算出现金流量表各项目的金额,并据以编制现金流量表的一种方法。

八、会计资料的整理装订

有的原始凭证应作为记账凭证附件,随记账凭证装订存档;有的属于以后需使用的凭证,如收到的商业汇票、固定资产卡片等;有的是由会计人员填制后交给外单位,如现金支票和转账支票等。应装订的各种凭证,一律以左上角对齐便于装订,各种面积大于记账凭证的原始凭证,均以记账凭证为准折叠整齐,并注意将装订角留出。

当原始凭证面积大于记账凭证时,大多数人的做法是先折叠左边的角,再向里面折叠。这样折叠后折叠的角在下面,在查阅时要先拉开折叠的部分,再拉开折叠处的左边边角。也可以将折叠的顺序反过来,即先向里折叠,再折叠左边的角。这样折叠后折叠的角在上面。虽然只是顺序的一个转换,但在查阅时,只需将上面的角一拉即可全部拉开。

对于纸张面积过小的原始凭证,一般不能直接装订,可先按一定次序和类别排列,再粘在一张同记账凭证大小相同的白纸上,粘贴时以胶水为宜。小票应分张均匀排列,同类同金额的单据尽量粘在一起,同时,在一旁注明张数和合计金额。如果是板状票证(如火车票),可以将票面票底轻轻撕开,厚纸板弃之不用。

由于原始凭证往往大于记账凭证,从而折叠过多,这样一本凭证就显得中间厚、装订线的位置薄,订出的一本凭证像条鱼一样。这时可以用稍厚些的硬板纸或一些纸折成许多三角形,均匀地垫在装订线的位置。这样装订出来的凭证就显得整齐了。

装订记账凭证时要将科目汇总表及T形账户表装订进去,这样便于快速查找某张凭证。虽然现在电算化了,但科目汇总表还是应装订进去,便于即使不看账也能知道当月的发生额。

(1) 将凭证封面和封底裁开,分别附在凭证前面和后面,再拿一张质地相同的纸放在封面上角做护角纸。

(2) 在凭证的左上角画一边长为5厘米(一般为凭证宽度的2/5)的等腰三角形(一般包角纸的长度为凭证封面的3/5,具体长度以包角后能盖住装订线,且凭证背面包角纸成完整的近似正方形为准;至少与凭证封面平齐),用夹子夹住,用装订机在底线上分布均匀地打眼。"三针引线法"为在左上角部位打上三个针眼,"角订法"为在左上角部位打上两个针眼,用大针引线绳穿过针眼。

(3) 在凭证的正面打结,结的位置应靠近一孔,以便将结塞进孔中,保证封面平整。线绳最好把凭证两端也系上。

(4) 将护角向左上侧面折,并将一侧剪开(注意包侧边的部分)至凭证的左上角,然后抹上胶水。

(5) 向上折叠,将侧面和背面的线绳扣包住。

(6) 待晾干后,在凭证本的侧脊上面写上"年、月、第几册共几册"的字样(建议使用号码印)。装订人在装订线封签处签名或者盖章。现金凭证、银行凭证和转账凭证最好依次顺序编号,一个月从头编一次序号,如果单位的凭证少,可以全年顺序编号。

会计账簿应按会计科目表编序开户,按各明细账户编分页顺序号。全年账簿登记完毕后按顺序装订再编总页顺序号。

报表连同附注一起装订,报表要加封面,封面上写明种类、编制单位名称、单位负责人、会计主管和制表人员签章,编报日期及报送日期等。对会计凭证、会计账簿、会计报表和其他会计资料都应建立档案,妥善保管。

九、技术规范

(一) 会计书写规范

会计书写规范是指会计工作人员在经济业务活动的记录过程中,对接触的数字和文字的一种规范化书写以及书写方法。会计工作离不开书写,没有规范的书写就没有会计工作质量。书写是否规范也是衡量一个会计工作人员素质高低的标准。一个合格的会计人员,首先书写应当规范,这样才能正确、清晰地书写计算结果,为决策者提供准确、可靠的会计信息,更好地为经济决策服务。

会计书写的内容包括阿拉伯数字的书写、数字大写以及汉字书写两大部分。在一些三资企业,有时需用外文记账,外文字母的书写也应当规范。

会计书写基本规范的要求:正确、规范、清晰、整洁、美观。

(1) 正确。指对业务发生过程中的数字和文字要准确、完整地记录下来,这是书写的基本前提。只有对所发生的经济业务正确地反映出其发生的全过程、内容及结果,书写才有意义。

(2) 规范。指对有关经济活动的记录书写一定要符合会计法规和会计制度的各项规定,符合对会计人员的要求。无论是记账、核算、分析、编制报表,都要书写规范、数字准确、文字适当、分析有理,要严格按书写格式书写,文字以国务院公布的简化汉字为标准,数字按规范要求书写。

(3) 清晰。指字迹清楚,容易辨认,账目条理清晰,使人一目了然,无模糊不清之感。

(4) 整洁。指账面干净、清洁,文字、数字、表格条理清晰,整齐分明。书写字迹端正,大小均匀,无参差不齐及涂改现象。

(5) 美观。书写除准确、规范、整洁外,还要尽量合理安排结构,字迹流畅、大方,给人以美感。

(二)阿拉伯数字书写规范

阿拉伯数字书写要规范是指要符合手写体的规范要求。阿拉伯数字是世界各国的通用数字,书写的顺序是由高位到低位,从左到右依次写出各位数字。

1. 数字书写的要求

(1) 高度。每个数字要紧贴底线书写,其高度占全格的 1/2。除 6、7、9 外,其他高低要一致。"6"的上端比其他数字高出 1/4,"7"和"9"的下端比其他数字伸出 1/4。

(2) 角度。各数字的倾斜度要一致,一般要求上端向右倾斜 60°。

(3) 间距。每个数字要大小一致,数字排列应保持同等距离,每个数字上下左右要对齐。在印有数位线的凭证、账簿、报表上,每一格只能写一个数字,不得几个数字挤在一个格里,也不得在数字中间留有空格。

(4) 要保持个人的独特字体和本人的书写特色,使别人难以模仿或涂改。

除此之外,不要把"0"和"6"、"1"和"7"、"3"和"8"、"7"和"9"写混。在阿拉伯数字的整数部分,可以从小数点起向左按"三位一节"空 1/4 汉字的位置或用分节点","分开。

2. 数字书写错误的更正方法

数字书写错误一般采用画线更正法。如写错一个数字,不论在哪位,一律用红线全部画掉,在原数字的上边对齐原位写上正确数字。

(三)文字书写规范

文字书写是指汉字书写。与经济业务活动相联系的文字书写包括数字的大写和企业名称、会计科目、费用项目、商品类别、计量单位以及摘要、财务分析报表的书写等。

1. 文字书写的基本要求

(1) 简明、扼要、准确。指用简短的文字把经济业务发生的内容表述清楚,在有格限的情况下,文字数目要以写满但不超出该栏格为限。会计科目要写全称,不能简化,子、细目要准确,符合会计制度的规定,不能用表述不清、记叙不准的语句或文字。

(2) 字迹工整、清晰。指书写时用正楷或行书,不能用草书;字不宜过大,一般上下要留空隙,也不宜过小;不能过于稠密,要适当留字距;不能写得大小不一。

2. 中文大写数字的写法

中文大写数字是用于填写需要防止涂改的销货发票、银行结算凭证、收据等,因此,在书写时不能写错。如果写错,则本张凭证作废,需重新填制凭证。数字大写的基本要求如下。

(1) 大写金额前要冠以"人民币"字样,"人民币"与金额首位数字之间不得留空位,数字之间更不能留空位,写数与读数顺序要一致。

(2) 人民币以元为单位,元后无角、分的需要写"整"字。如果到角为止,角后也可以写"整"字;如果到分为止,分后不写"整"字。

(3) 金额数字中间连续几个"0"时,可只写一个"零"字,如 500.70 元,应写作人民币伍佰元零柒角整。

(4) 表示位的文字前必须有数字,如拾元整应写作壹拾元整。

(5) 切忌用其他字代替,如"零"不能用"0"代替、"角"不能用"毛"代替等。

3. 摘要的书写

会计文字书写中有一部分是摘要的书写,包括记账凭证摘要、各种账簿摘要的书写。摘要是记录经济业务的简要内容,填写时应用简明扼要的文字反映经济业务概况。摘要书写的一般要求如下。

(1) 以原始凭证为依据。

(2) 正确反映经济业务的内容。

(3) 文字少而精,说明主要问题。

(4) 书写字体以占格的 1/2 为宜。

(5) 字迹与文字书写要求相同,要工整、清晰、规范。

填写不同类型的经济业务摘要栏没有统一格式,但填写同一类型的经济业务摘要时,文字表达是有章可循的。

第三章 会计模拟实训企业概况及其内部会计核算方法

一、企业概况

企业名称:江城市南方股份有限公司
地址:江城市江夏大街 1 号
电话:027-23456789　　　　　　企业类型:股份有限公司
法人代表:张庆　　　　　　　　注册资本:6 320 万元
经营范围:生产、销售电动机Ⅰ、电动机Ⅱ
纳税登记号:420102621123456
开户银行及账号:中国建设银行江夏办事处(基本户)123456
开户银行及账号:中国工商银行江夏办事处(一般户)456789

二、内部组织机构人员分布与财务科内部分工

(一) 内部组织机构及人员分布

模拟实训企业内部组织机构及人员分布情况见图 3-1。

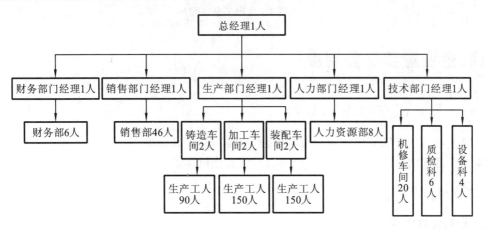

图 3-1　内部组织结构及人员分布情况一览表

(二) 财务部门内部分工

该企业设有主管财务的部门经理,财务部门可以设置主管会计(兼审核)(方杰)、出纳(李丽)、记账会计(王珍)、制单会计(张明)四个主要工作岗位。主管会计负责组织企业的日常核

算,对企业发生的各项经济业务进行审核,制定企业内部控制制度,审核记账凭证,编制财务预算,登记总分类账,编制财务报表,整理和管理会计档案。记账会计负责登记各种明细账,开具发票,并进行财产清查、往来款管理等会计管理工作,以及保管发票专用章。制单会计负责编制记账凭证,核算固定资产及期末账项的处理。出纳负责现金收付和银行结算业务,登记现金日记账和银行存款日记账,保管财务专用章以及发放工资。

三、生产工艺流程

该企业设有三个基本车间,即铸造车间、加工车间、装配车间,还设有一个辅助生产车间——机修车间。

该企业生产工艺流程如图3-2所示:由铸造车间根据生产计划铸造各种铸件,铸件经检验合格后送交自制半成品仓库;加工车间自仓库领用自制半成品,经不同的工序加工成不同的零部件,零部件经检验合格后直接送交装配车间;装配车间将送交的各种零部件连同由仓库领来的各种外购件组成电动机Ⅰ、电动机Ⅱ,电动机检验合格后送交产成品仓库。

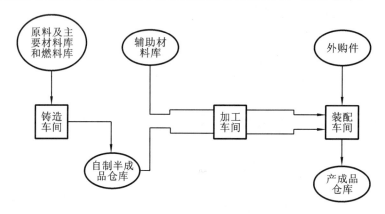

图 3-2　生产工艺流程

四、企业重要财务制度

(一)资产减值准备的计提

按照企业会计准则的规定,企业应及时提取各项资产减值准备。
坏账准备采用应收账款余额百分比法计提,其比例为5%。

(二)材料核算方法及流程

1. 材料核算方法

(1)原材料、低值易耗品按计划成本进行日常核算;材料采购、材料成本差异按相同的口径分类进行明细核算。原材料分为原料及主要材料、辅助材料、外购件和燃料。低值易耗品分为刀具、量具、工作服和其他物品。

(2)收入材料的实际成本与计划成本的差异逐笔结转。

(3)低值易耗品摊销采用一次摊销法。

(4) 收入材料时必须办理验收入库手续（填写收料单、自制半成品入库单）。

收料单一式四联。第一联为存根联，由仓库留存；第二联为记账联，作为核算材料收、发、存的原始凭证；第三联为付款联，交财务，作为采购材料入库、编制转账凭证的原始凭证；第四联为备查联，由采购人员留存。

自制半成品日常收发核算按计划成本计价。本企业的自制半成品是各种毛坯件。为自制半成品实际成本与计划成本的差异单独设置"自制半成品差异"账户核算。自制半成品的入库单为一式三联，第一联为存根联，由仓库留存；第二联为记账联，交财务据以编制材料发出汇总表；第三联为备查联，由送料单位（铸造车间）留存。本月入库自制半成品的计划成本与实际成本的差异于月终根据"完工铸件汇总表"一次结转，本月使用的自制半成品的计划成本及应负担的自制半成品的成本差异于月终编制"自制半成品耗用汇总表"一次结转。

① 月末，根据"材料成本差异"和"原材料"、"低值易耗品"明细账户记录，计算材料成本差异率。

② 根据本月领料单、退料单编制"原材料耗用汇总表"和"低值易耗品耗用汇总表"。发出材料的计划成本、应负担的材料成本差异月终按本月材料成本差异率一次结转。

③ 每季度最后一个月的25日对原材料等存货进行盘点，根据盘点结果编制"盘盈/盘亏报告单"。经分管领导批准后进行账务处理。

2. 材料核算程序

材料核算程序如图3-3所示。

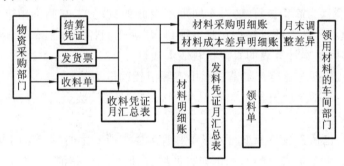

图3-3 材料核算流程

（三）根据工资计提的各项费用、基金（企业负担的部分）

根据工资计提的各项费用、基金（企业负担的部分）如表3-1所示。

表3-1 根据工资计提的各项费用、基金（企业负担的部分）

项 目	计提基数	计提比例
工会经费	本月应付工资总额	2%
职工教育经费	本月应付工资总额	2.5%

（四）电费分摊比例

本企业支付的电费一般按下列固定比例进行分摊：铸造车间30%，加工车间36%，装配车间16%，机修车间5%，销售部门3%，管理部门10%。合计100%。

（五）辅助生产费用的归集与分配方法

企业机修车间为提供劳务发生的各种间接费用，如车间管理人员的工资及福利费、固定资产折旧费、一般材料消耗等，先通过"制造费用"账户核算，月终再转入"辅助生产成本"账户；机修车间提供劳务的实际成本，按其受益数量在受益部门之间采用直接分配法进行分配。

（六）生产工人工资、福利费及基本生产车间制造费用的分配方法

生产工人工资按生产产品的实际工时比例进行分配；福利费据实列支；基本生产车间制造费用依据基本车间生产工人工时比例进行分配。

（七）在产品计价方法

(1) 铸造车间期末在产品成本按约当产量法计算。
(2) 加工车间期末在产品成本按约当产量法计算。
(3) 装配车间期末在产品成本按约当产量法计算。

（八）产品成本的计算方法

本企业设置的成本项目如下。

(1) 直接材料：包括企业生产经营过程中实际消耗的原料和主要材料、辅助材料、外购件、燃料及其他直接材料（为简化核算，铸造车间可不设此项目；加工车间领用毛坯件的实际成本归集于加工车间成本计算表的直接材料成本项目；装配车间耗用加工车间各种零部件的实际成本归集于装配车间成本计算表的直接材料成本项目）。

(2) 直接动力：包括企业生产经营过程中实际消耗的电力等。

(3) 直接人工：包括企业直接从事产品生产人员的工资、奖金、津贴、补贴及职工福利费等。

(4) 制造费用：包括企业各个车间为组织和管理生产所发生的生产车间管理人员的工资、职工福利费、固定资产折旧费、修理费、机物料消耗费、低值易耗品消耗费等。

产品成本由企业集中核算，各车间只提供成本计算的原始资料，全部成本核算采用逐笔结转分步法（半成品按综合成本分步结转）。铸造车间以铸件为成本计算对象，各种毛坯件的成本结算采用品种法。铸造车间完工的各种铸件办理验收手续后入自制半成品仓库。加工车间领用各种铸件进行加工时，应填写"毛坯件领料单"，仓库据以发料。加工车间领用铸件列入原材料项目，不进行成本还原。加工车间和装配车间以电动机Ⅰ和电动机Ⅱ为成本计算对象，采用逐笔结转法计算完工产品成本。

（九）自制半成品及产成品发出的计价方法

本企业的自制半成品收发核算按计划成本计价。产成品收发核算按实际成本计价，本月入库产品的实际成本于月末根据"产品成本汇总表"一次结转，本月发出产成品的实际单位成本按照全月一次加权平均法，月终根据"产品销售成本计算表"计算。

（十）固定资产的核算

固定资产包括房屋、建筑物、机器设备等的折旧均采用直线法进行核算。

（十一）销售收入的确认及销售核算流程

1. 销售收入的确认

企业销售商品同时满足以下五个条件的，方可确认销售收入。

（1）企业已将商品所有权方面的主要风险和报酬转移给买方；

（2）企业既没有保留通常与所有权相联系的继续管理权，也没有对已售出商品实施控制；

（3）收入的金额能够可靠地计量；

（4）与交易相关的经济利益很可能流入企业；

（5）相关已发生和将发生的成本能够可靠地计量。

2. 销售核算流程

销售核算流程如图 3-4 所示。

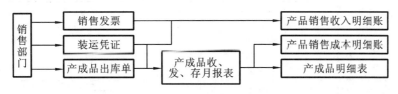

图 3-4 销售核算流程

（十二）长期股权投资的核算方法

该企业对外长期股权投资采用权益法核算。

（十三）税金及附加费的计提标准

（1）增值税：本企业为一般纳税人，增值税税率为 13％。

（2）城市维护建设税：按实际应交的流转税（增值税、消费税）的 7％ 计缴。

（3）教育费附加：按实际应交的流转税（增值税、消费税）的 3％ 计缴。

（4）所得税：税率为 25％。

（十四）提取盈余公积

（1）盈余公积的计提比例：法定盈余公积的为 10％，任意盈余公积的为 5％。

（2）应付给投资者的利润：由董事会根据当年的年度获利情况确定。

（十五）现金等价物的确认条件

同时具备持有期限短、流动性强、易于转换为已知金额的现金、价值变动风险很小的投资，被确认为现金的等价物（本企业无现金等价物）。

第四章 会计模拟实训资料

一、总账账户

江城市南方股份有限公司20×1年12月份总分类账建账资料如下表所示。

江城市南方股份有限公司总账账户表

序号	科目代码	账户名称	序号	科目代码	账户名称
		一、资产类	29	2203	预收账款
1	1001	库存现金	30	2211	应付职工薪酬
2	1002	银行存款	31	2221	应交税费
3	1012	其他货币资金	32	2241	其他应付款
4	1101	交易性金融资产	33	2501	长期借款
5	1121	应收票据			三、所有者权益类
6	1122	应收账款	34	4001	股本
7	1123	预付账款	35	4002	资本公积
8	1221	其他应收款	36	4101	盈余公积
9	1231	坏账准备	37	4103	本年利润
10	1241	自制半成品	38	4104	利润分配
11	1242	自制半成品差异			四、成本类
12	1401	材料采购	39	5001	生产成本
13	1403	原材料	40	5101	制造费用
14	1404	材料成本差异			五、损益类
15	1405	库存商品	41	6001	主营业务收入
16	1412	低值易耗品	42	6051	其他业务收入
17	1501	债权投资	43	6101	公允价值变动损益
18	1511	长期股权投资	44	6111	投资收益
19	1601	固定资产	45	6301	营业外收入
20	1602	累计折旧	46	6401	主营业务成本

续表

序　号	科目代码	账户名称	序　号	科目代码	账户名称
21	1604	在建工程	47	6402	其他业务成本
22	1606	固定资产清理	48	6403	税金及附加
23	1701	无形资产	49	6601	销售费用
24	1702	累计摊销	50	6602	管理费用
25	1901	待处理财产损溢	51	6603	财务费用
		二、负债类	52	6702	信用减值损失
26	2001	短期借款	53	6711	营业外支出
27	2201	应付票据	54	6801	所得税费用
28	2202	应付账款			

二、账户期初余额

20×1年12月初账户余额表

总账科目	总账余额	明细账的格式与余额资料
1. 库存现金	7 500	三栏式日记账:余额7 500
2. 银行存款	20 848 675	三栏式日记账: 建设银行18 848 675 工商银行2 000 000
3. 交易性金融资产	32 970	三栏式明细账: 成本借方余额35 000 公允价值变动贷方余额2 030
4. 应收票据	600 000	三栏式明细账: 华东股份有限公司600 000
5. 应收账款	1 230 000	三栏式明细账: 华北水电站300 000 富华机械有限公司250 000 南山机械股份有限公司680 000
6. 其他应收款	3 700	三栏式明细账:徐丽3 700
7. 坏账准备	47 760	三栏式明细账:应收账款47 760
8. 预付账款	40 000	三栏式明细账:湖北电机厂40 000

续表

总账科目	总账余额	明细账的格式与余额资料
9. 原材料	350 000	设置以下数量金额式明细账： 原料及主要材料—生铁　8吨,单位计划成本1 350,金额10 800 原料及主要材料—钢板　5吨,单位计划成本5 030,金额25 150 辅助材料—油漆　171千克,单位计划成本50,金额8 550 辅助材料—润滑油　50千克,单位计划成本60,金额3 000 外购件—电器元件　75套,单位计划成本1 860,金额139 500 外购件—轴承　41件,单位计划成本60,金额2 460 外购件—叶轮　150件,单位计划成本350,金额52 500 外购件—包装木箱　150个,单位计划成本80,金额12 000 外购件—主轴　115件,单位计划成本120,金额13 800 燃料—焦炭　70吨,单位计划成本1 000,金额70 000 燃料—柴油　80千克,单位计划成本3,金额240 燃料—煤　75吨,单位计划成本160,金额12 000
10. 低值易耗品	260 000	设置以下数量金额式明细账： 刀具　4 003件,单位计划成本60,金额240 180 量器　56件,单位计划成本70,金额3 920 工作服　159套,单位计划成本100,金额15 900
11. 材料成本差异	10 900	三栏式明细账： 原材料成本差异借方余额5 900 低值易耗品成本差异借方余额5 000
12. 自制半成品	655 000	数量金额式明细账： 电动机Ⅰ毛坯件　225件,单位计划成本1 200,金额270 000 电动机Ⅱ毛坯件　350件,单位计划成本1 100,金额385 000
13. 自制半成品差异	－375	三栏式明细账：电动机Ⅰ毛坯件贷方余额200,电动机Ⅱ毛坯件贷方余额175
14. 基本生产成本	1 120 050	设置多栏式明细账： 铸造车间：见"月初在产品成本表",金额60 000 加工车间：见"月初在产品成本表",金额203 050 装配车间：见"月初在产品成本表",金额857 000
15. 库存商品	9 360 000	数量金额式明细账： 电动机Ⅰ　1 800件,单位实际成本3 200,金额5 760 000 电动机Ⅱ　1 200件,单位实际成本3 000,金额3 600 000
16. 债权投资	3 500 000	三栏式明细账： 国库券投资—成本　借方余额3 500 000

续表

总账科目	总账余额	明细账的格式与余额资料
17. 固定资产	73 290 000	三栏式明细账： 机器设备 67 360 000；厂房 5 270 000 汽车 300 000；融资租入 230 000 仓库 100 000；电脑 30 000
18. 累计折旧	16 009 600	简化，不设明细账
19. 在建工程	438 500	三栏式明细账：冲床 35 000；办公楼 403 500
20. 无形资产	4 000 000	三栏式明细账：土地使用权 4 000 000
21. 累计摊销	800 000	简化，不设明细账
22. 应付票据	400 000	三栏式明细账：东江有色金属公司 400 000
23. 应付账款	22 660 800	三栏式明细账： 长江电力公司 7 447 400 武汉钢铁公司 15 213 400
24. 应付职工薪酬	603 720	三栏式明细账： 社会保险金 495 360 住房公积金 108 360
25. 应交税费	743 712.80	三栏式明细账：应交企业所得税 378 000；未交增值税 330 000；应交城市维护建设税 23 100；应交教育费附加 9 900；应交个人所得税 2 712.80
26. 其他应付款	278 640	三栏式明细账： 社会保险金 170 280 住房公积金 108 360
27. 短期借款	2 000 000	三栏式明细账：工商银行 2 000 000
28. 长期借款	92 000	三栏式明细账：工商银行 92 000
29. 股本	63 200 000	三栏式明细账：张庆 30 000 000　杜飞 16 600 000 王鑫 16 600 000
30. 资本公积	3 774 687.20	三栏式明细账：股本溢价 3 774 687.20
31. 本年利润	5 136 000	不设置明细账

20×1 年 12 月初在产品成本表

名称	成本项目	直接材料	直接动力	直接人工	制造费用	合　计
铸造车间	电动机Ⅰ毛坯件	5 644.80	2 204.68	6 472.02	1 365.49	15 686.99
	电动机Ⅱ毛坯件	4 663.10	4 407.82	34 431.43	810.66	44 313.01
	小计					60 000.00

续表

名称	成本项目	直接材料	直接动力	直接人工	制造费用	合计
加工车间	电动机Ⅰ	151 000	2 000	1 080	17 200	171 280
	电动机Ⅱ	19 000	10 300	1 120	1 350	31 770
	小计					203 050
装配车间	电动机Ⅰ	675 000	5 000	2 800	46 000	728 800
	电动机Ⅱ	99 000	3 000	1 200	25 000	128 200
	小计					857 000
合计						1 120 050

三、20×1年12月模拟经济业务

(1) 12月1日,签发现金支票一张,提取现金20 000.00元备用。

(2) 12月1日,采购员吴凡预支差旅费3 000.00元,出纳以现金支付。

(3) 12月1日,职工李晨报销医药费150.00元,出纳以现金支付。

(4) 12月1日,加工车间领用电动机Ⅰ毛坯件、电动机Ⅱ毛坯件,其中,电动机Ⅰ毛坯件20件,计划单位成本1 200.00元;电动机Ⅱ毛坯件100件,计划单位成本1 100.00元。

(5) 12月1日,收到设备科开出的固定资产竣工验收通知单,本年9月购入并安装的一台冲床已经达到可使用状态,验收后交付加工车间使用,结转其成本35 000.00元。

(6) 12月2日,向建设银行申请签发银行汇票一张,金额40 000.00元,交给采购员刘诗向宏大电厂采购生铁。

(7) 12月2日,开出转账支票,支付机修车间业务招待费2 000.00元。

(8) 12月2日,采购员刘诗用面额40 000.00元的银行汇票向宏大电厂购入生铁20吨,增值税专用发票列明价款25 666.00元,税款3 336.58元,宏大电厂代垫运杂费300.00元,货已验收入库。

(9) 12月2日,采购员刘诗交来宏大电厂签发的转账支票一张,金额为10 697.42元,系结转汇票采购生铁的余额。财务科当天将其存入银行。

(10) 12月3日,收到华北水电站前欠货款300 000.00元。

(11) 12月3日,销售给山东通用机械有限公司电动机Ⅱ1 000件,单价5 000.00元,款项存入银行。

(12) 12月3日,采购员吴凡出差归来报销差旅费2 560.00元,并交回多余现金440.00元,出纳收款并开具收据。

(13) 12月3日,一台设备在使用期内不能继续使用,决定予以报废。在清理过程中,通过银行支付清理费用2 000.00元,残料变价收入3 000.00元已存入银行,该设备原值150 000.00元,已提折旧120 000.00元。

(14) 12月3日,铸造车间使用煤40吨,计划单位成本160.00元;使用柴油60千克,计划单位成本3.00元。

(15) 12月4日,开具转账支票支付汽车路桥年费2050.00元。

(16) 12月4日,装配车间领用电器元件50套,计划单位成本1 860.00元;领用叶轮60件,计划单位成本350.00元;领用主轴60件,计划单位成本120.00元。

(17) 12月4日,向华兴水利电力公司销售电动机Ⅰ500件,单价5 500.00元;销售电动机Ⅱ100件,单价5 000.00元。已经向开户银行办妥托收手续。

(18) 12月5日,加工车间领用电动机Ⅰ毛坯件8件,领用电动机Ⅱ毛坯件10件。其中,电动机Ⅰ毛坯件的计划单位成本1 200.00元;电动机Ⅱ毛坯件的计划单位成本1 100.00元。

(19) 12月5日,收到建设银行转来的排水收费管理所的专用托收凭证,已支付排污费800.00元。

(20) 12月5日,装配车间领用工作服100套,计划单位成本100.00元。

(21) 12月6日,向市第一制漆厂购买油漆60千克,价税共计3 525.60元,货已验收入库,款项已支付。

(22) 12月6日,购入华生金属公司生铁20吨,签发无息商业承兑汇票交给供货方,货已验收入库,对方代垫运费250.00元。

(23) 12月7日,以现金支付职工李游生活困难补助费600.00元。

(24) 12月7日,铸造车间领用生铁15吨,计划单位成本1 350.00元,用于生产电动机。

(25) 12月7日,本年9月7日签发并承兑的一张商业承兑汇票到期,收到建设银行转来东江有色金属公司托收票款的委托收款凭证付款通知联,如数支付票款400 000.00元。

(26) 12月8日,与工商银行签订为期3个月的流动资金借款合同,金额为300 000.00元。借款已划转本公司账户。

(27) 12月8日,开出转账支票购买办公用品4 520.00元,取得专用发票。

(28) 12月8日,签发一张2 880.00元转账支票,购买印花税票。

(29) 12月9日,收到华兴水利电力公司前欠货款。

(30) 12月9日,向武汉钢铁公司购入生铁25吨,增值税发票列示价款32 500.00元,税款4 225.00元,款项用银行承兑汇票结算,货已验收入库。

(31) 12月9日,以每股6.50元的成交价购买三九生化股份有限公司股票60 000股,准备短期持有以赚取差价。

(32) 12月10日,签发并承兑商业承兑汇票一张,向武汉钢铁公司购入钢板10吨,采购单价5 040.00元,增值税专用发票列明价款50 400.00元,税款6 552.00元,货已验收入库。

(33) 12月10日,签发现金支票一张,向银行提取1 000.00元备用。

(34) 12月10日,上缴上月企业负担的社会保险费495 360.00元、住房公积金108 360.00元,个人负担的社会保险费170 280.00元、住房公积金108 360.00元。合计882 360.00元。

(35) 12月10日,申报并代缴上月工资的个人所得税2 712.80元。

(36) 12月11日,用现金支付行政部门汽车修理费用205.00元,取得增值税普通发票。

(37) 12月11日,厂办报销业务招待费1 200.00元,开出现金支票。

(38) 12月11日,承付通山煤矿购煤款,价税合计39 058.99元,煤在途。

(39) 12月12日,铸造车间领用钢板5吨,计划单位成本5 030.00元。

(40) 12月12日,装配车间领用油漆50千克,计划单位成本50.00元。

(41) 12月12日,向华汇零件厂出售油漆10千克,单价60.00元。

(42) 12月13日,财产清查,盘亏现金250.00元,原因待查。

(43) 12月13日,加工车间一台普通车床,原价为150 000.00元,已提折旧140 000.00元,因使用期满批准报废。清理过程中以现金支付清理费250.00元,残料变价收入12 000.00元存入银行。

(44) 12月13日,申报并缴纳上月增值税330 000.00元。

(45) 12月13日,申报并缴纳上月城市维护建设税23 100.00元,教育费附加9 900.00元。

(46) 12月13日,申报并预缴上月企业所得税378 000元,上月实际利润1 512 000元。

(47) 12月14日,出售三九生化股份有限公司股票60 000股,成交价每股7.50元。另外发生相关税费及手续费1 500.00元。

(48) 12月14日,企业用一栋房屋对华光股份有限公司进行投资,房屋评估价为2 500 000.00元,投资占华光股份有限公司注册资本的35%,对华光股份有限公司具有重大影响,采用权益法进行核算,不考虑相关税费。

(49) 12月14日,签发转账支票一张,为职工垫付人身保险费30 000.00元。

(50) 12月15日,签发转账支票一张,支付本公司办公楼修理费3 613.70元,收到安居装修公司开具的增值税专用发票。

(51) 12月15日,13日盘亏的现金250.00元,无法查明原因,经批准作管理费用处理。

(52) 12月15日,销售部职工许理报销联系销售业务的市内交通费62.00元,出纳以现金支付。

(53) 12月15日,电动机Ⅱ毛坯件20件完工入库。

(54) 12月16日,加工车间领用电动机Ⅱ毛坯件100件,计划单位成本1 100.00元。

(55) 12月16日,机修车间使用润滑油30千克,计划单位成本60.00元。

(56) 12月17日,接受通商贸易公司捐赠设备一台,价款35 000.00元,增值税款4 550.00元。

(57) 12月17日,接富华机械有限公司通知,该公司出现财务困难致使短期内不能支付货款,经双方协议,该公司以其生产的2辆小汽车偿还债务,评估价为200 000.00元。

(58) 12月18日,本月11日从通山煤矿购买的煤验收入库,计划单位成本160.00元。

(59) 12月18日,从华生金属公司购入电器元件200套,价款400 000.00元,税款52 000.00元,货已入库,款项尚未支付,计划单位成本1860.00元。

(60) 12月18日,本月9日开具的银行承兑汇票到期,承兑银行转来付款通知。

(61) 12月19日,归还流动资金借款2 000 000.00元,该项借款系2021年1月19日向工商银行借入,今日到期。利息已经于还款日结清,利息为105 477.27元。

(62) 12月19日,向红十字会捐款20 000.00元。

(63) 12月20日,以现金56.50元购买办公用品,增值税专用发票列明价款50.00元,增值税款6.50元。

(64) 12月20日,签发转账支票支付开达叶轮厂货款45 200.00元,叶轮在途。

(65) 12月21日,从技术市场购入A专利技术,双方协定结算价格为38 000.00元,签发转账支票支付。

(66) 12月21日,厂办领用电器元件25套,计划单位成本1860.00元。

(67) 12月22日,购入低值易耗品刀具5把,计划单位成本60.00元;购入钢板20吨,计划单位成本 5 030.00 元,货已验收入库,款项通过银行转账支付。

(68) 12月22日,签发转账支票一张,金额为 11 000.00 元,预付 20×2 年第一季度财产保险费 5 000.00 元和机动车辆保险费 6 000.00 元,收到保险公司保单和结算凭证。

(69) 12月22日,收到银行通知,支付银行手续费 190.00 元。

(70) 12月23日,加工车间领用刃具 2 把,计划单位成本 60.00 元。

(71) 12月23日,签发转账支票,支付 20×2 年报纸杂志费用 4 000.00 元。

(72) 12月24日,收到华兴水利电力公司预付的货款 60 000.00 元。

(73) 12月25日,签发转账支票支付广告费,价税合计 112 360.00 元,收到江城广告公司开具的增值税专用发票。

(74) 12月25日,销售给南湖机床厂电动机Ⅰ50 台,单价 6000.00 元,电动机Ⅱ60 台,单价 5000.00 元。货款尚未收到,已委托银行办理托收手续。

(75) 12月26日,产成品完工入库。

(76) 12月26日,从开达叶轮厂购买的 100 件叶轮验收入库,计划单位成本 350.00 元。

(77) 12月27日,开出转账支票购入办公用计算机 10 台,专用发票列明价款 40 000.00 元,增值税 5 200.00 元,共计 45 200.00 元,已交付使用。

(78) 12月28日,摊销 A 专利技术的价值 1 500.00 元。

(79) 12月29日,根据设备管理科提供的"固定资产折旧汇总表"计算本月折旧 200 180.00 元。其中:铸造车间 20 500.00 元,加工车间 45 000.00 元,装配车间 52 000.00 元,机修车间 18 500.00 元,行政管理部门 64 180.00 元。

(80) 12月30日,电动机Ⅰ毛坯件 320 件、电动机Ⅱ毛坯件 150 件验收入库,计划单位成本分别为 1200.00 元和 1100.00 元。

(81) 12月31日,计提应由本月税金及附加负担的房产税 4 500.00 元,土地使用税 4 200.00 元。

(82) 12月31日,根据材料采购明细账和材料成本差异明细账提供的有关资料,计算本月原材料成本差异率和低值易耗品成本差异率。

(83) 12月31日,根据有关"领料单"编制"原材料耗用汇总表"、"低值易耗品耗用汇总表",并予以结转和摊销。

(84) 12月31日,根据"工资结算汇总表"和"基本车间实际使用工时表"分配工资费用。(基本工资设置如下:总经理 8 000 元/(月·人),5 个部门经理 6 000 元/(月·人),财务 4 500 元/(月·人),销售部 5 000 元/(月·人),6 个车间主管 4 000 元/(月·人),人力资源部 4 500 元/(月·人),其他人员 3 500 元/(月·人)。岗位工资简单设置如下:生产工人 400 元/(月·人),车间管理人员 500 元/(月·人),销售部 200 元/(月·人),管理人员 600 元/(月·人)。缴费工资简单设置如下:总经理、部门经理 5 000 元/(月·人),财务、销售部及人力资源部 4 000 元/(月·人),其他人员 3 000 元/(月·人)。社会保险和住房公积金比例如下:医疗保险:单位 8%,个人 2%;养老保险:单位 20%,个人 8%;失业保险:单位 2%,个人 1%;工伤保险:单位 1%,个人不缴;生育保险:单位 1%,个人不缴;住房公积金:单位 7%,个人 7%)

(85) 12月31日,根据"工资结算汇总表"结转本月代扣款项。

(86) 12月31日,根据"社保和住房公积金明细表"和"基本车间实际使用工时表"计提企业负担的社会保险费和住房公积金。

(87) 12月31日,根据"工资结算汇总表"签发转账支票一张,金额为 1 737 257.20 元,委托银行代发工资,支票金额中包含支付给银行的手续费 200.00 元。

(88) 12 月 31 日,按工资总额的 2% 计提工会经费 40 368.20 元;按工资总额的 2.5% 计提职工教育经费 50 460.25 元。

(89) 12 月 31 日,缴纳本月工会经费 40 368.20 元;报销本月职工教育经费 50 460.25 元。

(90) 12 月 31 日,按实际发生数计提本月职工福利费。

(91) 12 月 31 日,收到建设银行转来的供电局专用托收凭证,付讫款项共计 47 473.56 元,增值税专用发票列明电费 42 012.00 元,增值税 5 461.56 元。本公司在支付电费时当即按下列固定比例进行分配:铸造车间 30%,加工车间 36%,装配车间 16%,机修车间 5%,行政部门 10%,销售部门 3%。要求编制电费分配表。

(92) 12 月 31 日,收到建设银行存款利息通知,第四季度银行存款利息收入 5 500.00 元到账。

(93) 12 月 31 日,结转机修车间的制造费用,并采用直接分配法分配辅助生产费用。

(94) 12 月 31 日,根据基本车间生产工人工时计算并结转基本车间的制造费用。

(95) 12 月 31 日,计算并结转本月自制半成品差异。

(96) 12 月 31 日,采用品种法结转铸造车间、加工车间及装配车间的产品成本,并编制"产成品成本汇总表",结转完工产品成本。

(97) 12 月 31 日,结转本月已售出产品成本,采用月末一次加权平均法计算结转本期销货成本。

(98) 12 月 31 日,申报本月应缴纳的增值税,结转本月应缴纳的城市维护建设税和教育费附加。

(99) 12 月 31 日,计提本月坏账准备金。

(100) 将损益类账户余额结转至"本年利润"账户。

(101) 12 月 31 日,计算并结转本月应缴纳的企业所得税(假设没有调整事项)。

(102) 年终结转本年利润,包括 1~11 月份的净利润 5 136 000 元。

(103) 12 月 31 日,按照全年净利润的 10% 提取法定盈余公积金,按照全年利润的 5% 提取任意盈余公积金。

(104) 12 月 31 日,年终结转未分配利润。

四、相关原始凭证

（1）12月1日，签发现金支票一张，提取现金20 000.00元备用。

凭1-1

中国建设银行 现金支票存根 10404312 00256432	中国建设银行　　现金支票　10404312　00256432
附加信息	出票日期（大写）　　　　　　付款行名称： 收款人：　　　　　　　　　　出票人账号：
出票日期20×1年12月1日	人民币（大写）　贰万元整　　亿千百十万千百十元角分 　　　　　　　　　　　　　　　　　￥2 0 0 0 0 0 0
收款人： 金　额：20 000.00 用　途：提现备用	用途 备用金　　　密码＿＿＿＿＿＿ 上列款项请从 我账户内支付
单位主管 方杰　会计 王珍	出票人签章　　　复核　　　记账

（2）12月1日，采购员吴凡预支差旅费3 000.00元，出纳以现金支付。

凭2-1

借　款　单

20×1年12月1日

工作部门	姓　　名	借款金额	批准金额	备　注
采购部	吴凡	3 000.00	3 000.00	
借款金额（大写）　×万叁仟零佰零拾零元零角零分				吴凡
借款理由	去北京采购材料	归还时间		

批准人 王建国　　审核 邓晗　　借款人部门负责人 张青　　经办人 吴凡

(3) 12月1日,职工李晨报销医药费150.00元,出纳以现金支付。

凭3-1

凭3-2

医疗费报销单
20×1年12月1日

职工姓名	李晨		工作部门			厂办		附单据1张
家属姓名		性别		男	年龄	32	与职工关系	本人
单据中应报销金额	¥150.00	应报销比例(%)		100	实报销金额		¥150.00	
实 报 销 人 民 币（大写）		×万×仟壹佰伍拾零元零角零分						
审批人 王建国		复核 邓晗			出纳 李丽		领款人 李晨	

(4) 12月1日,加工车间领用电动机Ⅰ毛坯件、电动机Ⅱ毛坯件,其中,电动机Ⅰ毛坯件20件,计划单位成本1 200.00元;电动机Ⅱ毛坯件100件,计划单位成本1 100.00元。

凭4-1

毛坯件领用单

领用单位:加工车间　　　　20×1年12月1日　　　　编号:

项目　　　产品名称	毛坯件名称	电动机Ⅰ毛坯件		用途:制造产品		②财务科核算
	请领	实发	单位成本	总成本	备注	
电动机Ⅰ	20	20	1 200.00	24 000.00		
合　计	20	20		24 000.00		

记账:王珍　　　　　　　　领料:罗海　　　　　　　　发料:刘昆

凭4-2

毛坯件领用单

领用单位:加工车间　　　　20×1年12月1日　　　　编号:

项目　　　产品名称	毛坯件名称	电动机Ⅱ毛坯件		用途:制造产品		②财务科核算
	请领	实发	单位成本	总成本	备注	
电动机Ⅱ	100	100	1 100.00	110 000.00		
合　计	100	100		110 000.00		

记账:王珍　　　　　　　　领料:李云涛　　　　　　　发料:洪耀

(5) 12月1日,收到设备科开出的固定资产竣工验收通知单,本年9月购入并安装的一台冲床已经达到可使用状态,验收后交付加工车间使用,结转其成本35 000.00元。

凭5-1

固定资产验收单

20×1年12月1日

固定资产名称	型号	制造厂	出厂日期	原 值/元				
				买价	运杂费	安装费	其他	合计
冲床	AV32			34 500.00		500.00		35 000.00
预计产值	预计清理费用	预计使用年限	年折旧额	年折旧率		月折旧率	所属设备	
厂长	主管部门		使用部门		财会部门			
	科长	经办	主任	使用人	科长	会计		
	陈实	李江	张志	加工车间	方杰	王珍		

(6) 12月2日,向建设银行申请签发银行汇票一张,金额40 000.00元,交给采购员刘诗向宏大电厂采购生铁。

凭6-1

银行汇票申请书(存根)

申请日期 20×1年12月2日　　　第　　号

申请人	江城市南方股份有限公司	收款人	宏大电厂	此联申请人留存
账号或住址	江城市江夏大街1号 123456	账号或住址	江城市光谷大道8号	
用途	购买材料	代理付款行	建设银行	
汇票金额	人民币(大写)肆万元整	千 百 十 万 千 百 十 元 角 分 ¥ 4 0 0 0 0 0 0 0		
备注		科目:　　　　　对方科目: 财务主管 方杰　复核　　　　经办 李丽		

(7) 12月2日，开出转账支票，支付机修车间业务招待费2 000.00元。

凭7-1

```
中国建设银行
转账支票存根
00046437

附加信息
_____
_____
_____
_____

出票日期20×1年12月2日
收款人：
金    额：2 000.00
用    途：业务招待费
单位主管 方杰  会计 王珍
```

(8) 12月2日，采购员刘诗用面额40 000.00元的银行汇票向宏大电厂购入生铁20吨，增值税专用发票列明价款25 666.00元，税款3 336.58元，宏大电厂代垫运杂费300.00元，货已验收入库。

凭8-1

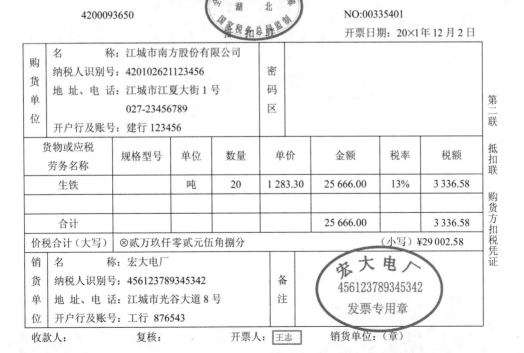

湖北增值税专用发票

4200093650　　　　　　　　　　　　　NO:00335401
　　　　　　　　　　　　　　　　　　开票日期：20×1年12月2日

购货单位	名　　　称：江城市南方股份有限公司	密码区
	纳税人识别号：420102621123456	
	地址、电话：江城市江夏大街1号 027-23456789	
	开户行及账号：建行 123456	

货物或应税劳务名称	规格型号	单位	数量	单价	金额	税率	税额
生铁		吨	20	1 283.30	25 666.00	13%	3 336.58
合计					25 666.00		3 336.58

价税合计（大写）	⊗贰万玖仟零贰元伍角捌分	（小写）¥29 002.58

销货单位	名　　　称：宏大电厂	备注
	纳税人识别号：456123789345342	
	地址、电话：江城市光谷大道8号	
	开户行及账号：工行 876543	

收款人：　　　复核：　　　开票人：王志　　　销货单位：（章）

凭 8-2

湖北增值税专用发票

4200093650

NO:00335401

开票日期：20×1年12月2日

购货单位	名　　　称：	江城市南方股份有限公司	密码区					第三联 发票联 购货方记账凭证
	纳税人识别号：	420102621123456						
	地　址、电　话：	江城市江夏大街1号 027-23456789						
	开户行及账号：	建行 123456						
货物或应税劳务名称	规格型号	单位	数量	单价	金额	税率	税额	
生铁		吨	20	1 283.30	25 666.00	13%	3 336.58	
合计					25 666.00		3 336.58	
价税合计（大写）	⊗贰万玖仟零贰元伍角捌分				（小写）¥29 002.58			
销货单位	名　　　称：	宏大电厂	备注					
	纳税人识别号：	456123789345342						
	地　址、电　话：	江城市光谷大道8号						
	开户行及账号：	工行 876543						

收款人：　　　　复核：　　　　开票人：王志　　　　销货单位：（章）

凭 8-3

××铁路局货物运费杂费收据

付款单位或姓名：宏大电厂　　　　20×1年12月2日　　　　No：062341

原运输票据	20×1年12月2日第1号		办理种别	
发　　站			到　站	
车种车号			标　准	
货物名称	件　数	包　装	重　量	计费重量
生铁	10		20	吨
类　别	费　率	数　量	金　额	附　记
材　料	30.00	10	300.00	
过秤费				
合计金额（大写）	叁佰元整			
收款单位：××铁路局　　　　经办人：张勇				

凭 8-4

材料验收入库单

验收日期：20×1年12月2日

品名	规格	单位	数量		实际价格				计划价格	
			来料数	实际数	单价	总价	运杂费	合计	单价	总价
生铁		吨	20	20	1 283.30	25 666.00	300.00	25 966.00	1 350.00	27 000.00
合计			20	20				25 966.00		27 000.00

供销主管：吴猛　　验收保管：黄东　　采购：刘诗　　制单：田园

（9）12月2日，采购员刘诗交来宏大电厂签发的转账支票一张，金额为10 697.42元，系结转汇票采购生铁的余额。财务科当天将其存入银行。

凭 9-1

中国建设银行　进账单（收账通知）

20×1年12月2日

出票人	全称	宏大电厂	收款人	全称	江城市南方股份有限公司
	账号	876543		账号	123456
	开户银行	江城市工商银行光谷办事处		开户银行	江城市建设银行江夏办事处
金额	人民币（大写）壹万零陆佰玖拾染元肆角贰分		亿 千 百 十 万 千 百 十 元 角 分　　　　¥ 1 0 6 9 7 4 2		
票据种类	转账支票	票据张数	1	中国建设银行江夏办 20×1.12.02 转款人开户银行签章（1）	
票据号码	005769				
	复核		记账		

此联是收款人开户银行交给收款人的收账通知

(10) 12月3日,收到华北水电站前欠货款 300 000.00元。

凭 10-1

托收凭证（汇款依据或收账通知）

委托日期：20×1年11月11日

付款期限 20×1年12月3日

业务类型		委托收款（□邮划、□电划）		托收承付（□邮划、☑电划）		
付款人	全称	华北水电站	收款人	全称	江城市南方股份有限公司	
	账号	567890		账号	123456	
	地址	宜昌市	开户行	工行三峡办	地址	江城市	开户行	建设银行江夏办
金额	人民币（大写）叁拾万元整				¥ 3 0 0 0 0 0 0 0	
款项内容	购买材料	托收凭证名称		附寄单证张数	3	
商品发运情况	铁路运输		合同名称号码	购销合同 15-257		
备注：	上列款项已划入你方账户内。					
复核	记账	20×1年11月11日				

（中国建设银行江夏办 20×1.12.03 转讫 收款人开户银行签章(1)）

(11) 12月3日,销售给山东通用机械有限公司电动机Ⅱ 1 000件,单价 5 000.00 元,款项存入银行。

凭 11-1

中国建设银行　进账单（收账通知）

20×1年12月3日

出票人	全称	山东通用机械有限公司	收款人	全称	江城市南方股份有限公司
	账号	486532		账号	123456
	开户银行	济南市工行山泉办事处		开户银行	江城市建设银行江夏办事处
金额	人民币（大写）伍佰陆拾伍万元整				¥ 5 6 5 0 0 0 0 0
票据种类	转账支票	票据张数	1		
票据号码	004752				
复核		记账			

（中国建设银行江夏办 20×1.12.03 转讫 收款人开户银行签章(1)）

凭 11-2

湖北增值税专用发票

4200083546　　　　　　　　　　　　　　　　　　NO:00235218

此联不作报销抵扣凭证使用　　　　　开票日期：20×1年12月3日

购货单位	名　　　称：山东通用机械有限公司 纳税人识别号：255335221463 地　址、电　话：济南市山泉路78号 　　　　　　　　0531-4856219 开户行及账号：工行 486532	密码区	

货物或应税劳务名称	规格型号	单位	数量	单价	金额	税率	税额
电动机Ⅱ		件	1 000	5 000.00	5 000 000.00	13%	650 000.00
合计					5 000 000.00		650 000.00

价税合计（大写）　⊗伍佰陆拾伍万元整　　　　　　　　（小写）¥5 650 000.00

销货单位	名　　　称：江城市南方股份有限公司 纳税人识别号：420102621123456 地　址、电　话：江城市江夏大街1号 开户行及账号：建行 123456	备注	（发票专用章）

收款人：　　　复核：　　　开票人：王珍　　　销货单位：（章）

凭 11-3

产品出库单

购货单位：山东通用机械有限公司　　20×1年12月3日　　　　　编号

编号	名称及规格	单位	数量	单位成本/元	总成本/元	备注
	电动机Ⅱ	件	1 000			
	合计		1 000			

仓库主管：张一山　　保管：王伟　　经发：汪俊　　制单：李涵

(12) 12月3日，采购员吴凡出差归来报销差旅费2 560.00元，并交回多余现金440.00元，出纳收款并开具收据。

凭12-1

差 旅 费 报 销 单

20×1年12月3日　　　　　　　　　　　　　　　　　单位：元

项目	火车费	长途汽车	桥船费	市内交通	行李托运	住宿费	办公费	住勤补助	途中补助	其他费	合计
数量	2			6		2					
金额	760.00			120.00		820.00		460.00	400.00		2 560.00
部门	采购部		姓名	吴凡	合计人民币（大写）贰仟伍佰陆拾元整						
出差地点	北京			出差起止日期		12.1～12.3		出差事由		采购材料	
原借款	3 000.00		实报	2 560.00		长退或短补	440.00	领导签字	张青	出差人签字	吴凡

（附件10张略）

凭12-2

收 款 单 据

No.0675861

鄂财会账证41号　　收款日期20×1年12月3日

付款单位（交款人）	吴凡	收款单位（收款人）	江城市南方股份有限公司	收款项目	返回多余款项	结算方式
人民币（大写）	肆佰肆拾元整				¥440.00	现金
收款事由	返回多余差旅费			经办	部门 财务科 / 人员	
上述款项照数收讫无误。收款单位财会专用章（领导人签章）		会计主管 方杰	稽核	出纳 李丽	交款人 吴凡	

第二联 收款单位记账依据

(13) 12月3日,一台设备在使用期内不能继续使用,决定予以报废。在清理过程中,通过银行支付清理费用2 000.00元,残料变价收入3 000.00元已存入银行,该设备原值150 000.00元,已提折旧120 000.00元。

凭13-1

固定资产清理报废单

20×1年12月3日签发

主管部门:江城市南方股份有限公司					使用单位:铸造车间				
名称及型号	单位	数量	原始价值	已提折旧	预计净残值	预计使用年限	实际使用年限	支付清理费	变价收入
车床	台	1	150 000.00	120 000.00	2 000.00		8	2 000.00	3 000.00
制造单位	出厂日期		出厂号	申请报废原因	发生实质性毁损				
×××	20×3年								

凭13-2

专 用 收 款 单 据

No.0675831

鄂财会账证82号

收款日期:20×1年12月3日

付款单位(交款人)	市物资回收公司	收款单位(收款人)	江城市南方股份有限公司					收款项目			报废清理			
人民币(大写)	叁仟元整			千	百	十	万	千	百	十	元	角	分	结算方式
							¥	3	0	0	0	0	0	现金
收款事由	毁损设备变价收入			经办		部门			公司办公室					
						人员								
上述款项照数收讫无误。收款单位财会专用章(领导人签章)				会计主管		稽核		出纳			交款人			
				方杰				李丽						

第二联 收款单位记账凭证

凭13-3

中国建设银行 进账单(收账通知)

20×1年12月3日

出票人	全称		收款人	全称	江城市南方股份有限公司									
	账号			账号	123456									
	开户银行			开户银行	江城市建设银行江夏办事处									
金额	人民币(大写)叁仟元整				亿	千	百	十	万	千	百	十	元	角	分
										3	0	0	0	0	0
票据种类		票据张数	1		中国建设银行江夏办 20×1.12.03 转讫 (1) 收款人开户银行签章									
票据号码														
	复核		记账											

此联是收款人开户银行交给收款人的收账通知

凭 13-4

```
中国建设银行
转账支票存根
00046438

附加信息
_____
_____
_____
_____

出票日期 20×1年12月3日
收款人：
金　额：2 000.00
用　途：固定资产清理费
单位主管 方杰  会计 王珍
```

凭 13-5

固定资产清理损益计算表

单位：元

原 值	折 旧	净 值	赔 偿	清理费用	残值收入
150 000.00	120 000.00	30 000.00		2 000.00	3 000.00
营业外收入	人民币大写：			小写：	
营业外支出	人民币大写：贰万玖仟元整			小写：¥29 000.00	

（14）12月3日，铸造车间使用煤40吨，计划单位成本160.00元；使用柴油60千克，计划单位成本3.00元。

凭 14-1

领 料 单

领料单位：铸造车间　　　　　　　　　　　　　　　　　　　编号：
用途：　　　　　　　　20×1年12月3日　　　　　　　　　仓库：

材料编号	材料名称	规格	计量单位	数量 请领	数量 实发	价格 单价/元	价格 金额/元
	煤		吨	40	40	160.00	6 400.00
合计				40	40		6 400.00

记账：王珍　　　　　　发料：李理　　　　　　领料：苏建

凭 14-2

领 料 单

领料单位：铸造车间　　　　　　　　　　　　　　　　　　　编号：
用途：　　　　　　　20×1年12月3日　　　　　　　　　仓库：

材料编号	材料名称	规格	计量单位	数量		价格	
				请领	实发	单价/元	金额/元
	柴油		千克	60	60	3.00	180.00
合计				60	60		180.00

记账：王珍　　　　　　　发料：李理　　　　　　　领料：苏建

(15) 12月4日，开具转账支票支付汽车路桥年费2050.00元。

凭 15-1

中国建设银行
转账支票存根
00046439

附加信息

出票日期20×1年12月4日
收款人：
金　额：2 050.00
用　途：汽车路桥年费
单位主管 方杰 会计 王珍

凭 15-2

××省公路路桥费收据

交费单位	江城市南方股份有限公司			车号	××AB678
车类	客车	吨位	1.5吨	比例	100%
有效期	20×1年12月4日至20×2年12月4日				
路桥费	¥2050.00		滞纳金		¥0.00
合计（大写）	贰仟零伍拾元整		合计（小写）		¥2050.00
备注					

收款：　　　经办：　　　开票日期：20×1年12月4日　　　收费单位：（签章）

第二联 发票联

(16) 12月4日,装配车间领用电器元件50套,计划单位成本1 860.00元;领用叶轮60件,计划单位成本350.00元;领用主轴60件,计划单位成本120.00元。

凭16-1

领 料 单

领料单位:装配车间　　　　　　　　　　　　　　　　　　　编号:
用途:　　　　　　　20×1年12月4日　　　　　　　　　　仓库:

材料编号	材料名称	规格	计量单位	数量		价 格	
				请领	实发	单价/元	金额/元
	电器元件		套	50	50	1 860.00	93 000.00
	叶轮		件	60	60	350.00	21 000.00
	主轴		件	60	60	120.00	7 200.00
合计				170	170		121 200.00

记账:王珍　　　　　　　发料:李理　　　　　　　领料:方圆

(17) 12月4日,向华兴水利电力公司销售电动机Ⅰ1 500件,单价5 500.00元;销售电动机Ⅱ100件,单价5 000.00元。已经向开户银行办妥托收手续。

凭17-1

湖北增值税专用发票

4200083547　　　　　　　　　　　　　　　　　NO:00235218
　　　　　　　此联不作报税扣税凭证使用　　开票日期:20×1年12月4日

购货单位	名　　　称:华兴水利电力公司	密码区
	纳税人识别号:43756787350	
	地　址、电　话:重庆市桥东路42号 023-5698487	
	开户行及账号:工行 963541	

货物或应税劳务名称	规格型号	单位	数量	单价	金额	税率	税额
电动机Ⅰ		件	1 500	5 500.00	8 250 000.00	13%	1 072 000.00
电动机Ⅱ		件	100	5 000.00	500 000.00	13%	65 000.00
合计					8 750 000.00		1 137 000.00
价税合计(大写)	⊗玖佰捌拾捌万柒仟伍佰元整				(小写)¥9 887 500.00		

销货单位	名　　　称:江城市南方股份有限公司	备注
	纳税人识别号:420102621123456	
	地　址、电　话:江城市江夏大街1号	
	开户行及账号:建行 123456	

收款人:　　　　复核:　　　　开票人:王珍　　　　销货单位:(章)

凭 17-2

产品出库单

购货单位：华兴水利电力公司　　　　20×1年12月4日　　　　　　编号

编号	名称及规格	单位	数量	单位成本/元	总成本/元	备注
	电动机Ⅰ	件	1 500			
	电动机Ⅱ	件	100			
	合计		1 600			

仓库主管：张一山　　　保管：王伟　　　经发：汪俊　　　制单：李涵

凭 17-3

托收凭证（回单）

委托日期：20×1年12月4日　　　付款期限　年　月　日

业务类型		委托收款（□邮划、□电划）				托收承付（□邮划、□电划）												
付款人	全称	华兴水利电力公司			收款人	全称	江城市南方股份有限公司											
	账号	963541				账号	123456											
	地址	重庆市	开户行	工行桥东办		地址	江城市	开户行	建设银行江夏办									
金额	人民币（大写）玖佰捌拾捌万柒仟伍佰元整						亿	千	百	十	万	千	百	十	元	角	分
						¥			9	8	8	7	5	0	0	0	0
款项内容			托收凭证名称			附寄单证张数			3									
商品发运情况		铁路运输			合同名称号码		购销合同 15-357											
备注：																		
验单付款		收款人开户银行签章 2017.12.04																
复核　记账		年　月　日																

此联作收款人开户银行给收款人的受理回单

(18) 12月5日,加工车间领用电动机Ⅰ毛坯件8件,电动机Ⅱ毛坯件10件。其中,电动机Ⅰ毛坯件的计划单位成本1 200.00元;电动机Ⅱ毛坯件的计划单位成本1 100.00元。

凭18-1

毛坯件领用单

领用单位:加工车间　　　　　20×1年12月5日　　　　　编号:

项目＼产品名称	毛坯件名称	电动机Ⅰ毛坯件		用途:制造产品	
	请领/件	实发/件	单位成本/元	总成本/元	备注
电动机Ⅰ	8	8	1 200.00	9 600.00	
合　计	8	8		9 600.00	

记账: 王珍　　　　　领料: 罗海　　　　　发料: 刘昆

② 财务科核算

凭18-2

毛坯件领用单

领用单位:加工车间　　　　　20×1年12月5日　　　　　编号:

项目＼产品名称	毛坯件名称	电动机Ⅱ毛坯件		用途:制造产品	
	请领/件	实发/件	单位成本/元	总成本/元	备注
电动机Ⅱ	10	10	1 100.00	11 000.00	
合　计	10	10		11 000.00	

记账: 王珍　　　　　领料: 李云涛　　　　　发料: 洪耀

② 财务科核算

(19)12月5日,收到建设银行转来的排水收费管理所的专用托收凭证,已支付排污费800.00元。

凭 19-1

××省行政事业性收费收据

20×1年12月5日　　　　　　　　　　　　　　　　　No：20094635

交费单位	江城市南方股份有限公司	收费许可证号	财发200171							
收费项目	收费标准	金额								
		百	十	万	千	百	十	元	角	分
排污费					¥	8	0	0	0	0
合计					¥	8	0	0	0	0
人民币(大写)捌佰元整										
负责人：陈晨	开票人：周宇	收费单位印章(签章)								

凭 19-2

托收凭证（付账通知）

委邮　　　　　　　　　　　　　　　　　　　　委托号码：2567

委托日期：20×1年12月5日　　　　　　　　　　　无付款期

付款人	全称	江城市南方股份有限公司	收款人	全称	江城市排水收费管理所									
	账号	123456		账号	789654									
	开户银行	江城市建设银行江夏办事处		开户银行	江城市建设银行江汉办事处									
委收金额	人民币(大写)捌佰元整				千	百	十	万	千	百	十	元	角	分
									¥	8	0	0	0	0
款项内容	排污费	委托收款凭据名称		附寄单证张数	1									

备注：

中国建设银行江夏办
20×1.12.05
转讫
(1)

付款人注意：
1）根据结算方法，上列委托收款，若在付款期限内未拒付时，即视同全部同意付款，以此联代付款通知。
2）如需提前付款或多付款时，应另写书面通知送银行办理。
3）如需全部或部分拒付，应在付款期限内另填拒绝付款理由书送银行办理。

单位主管：　　会计：　　复核：　　记账：

此联是付款人开户银行给付款人按期付款的通知

(20) 12月5日,装配车间领用工作服100套,计划单位成本100.00元。

凭20-1

领 料 单

领料单位:装配车间　　　　　　　　　　　　　　　　　　　编号:
用途:　　　　　　　　20×1年12月5日　　　　　　　　　仓库:

材料编号	材料名称	规格	计量单位	数量		价格	
				请领	实发	单价/元	金额/元
	工作服		套	100	100	100.00	10 000.00
合计				100	100		10 000.00

记账: 王珍　　　　　发料: 李理　　　　　领料: 李洁

(21) 12月6日,向市第一制漆厂购买油漆60千克,价税共计3 525.60元,货已验收入库,款项已支付。

凭21-1

湖北增值税专用发票

4200083721　　　　　　　　　　　　　　　　NO:00435203

开票日期:20×1年12月6日

购货单位	名　　称:江城市南方股份有限公司							
	纳税人识别号:420102621123456							
	地 址、电 话:江城市江夏大街1号 027-23456789							
	开户行及账号:建行 123456							

密码区

货物或应税劳务名称	规格型号	单位	数量	单价	金额	税率	税额
油漆		千克	60	52.00	3 120.00	13%	405.20
合计					3 120.00		405.20

价税合计(大写) ⊗叁仟伍佰贰拾伍元陆角　　　　　　(小写)¥3 525.60

销货单位	名　　称:市第一制漆厂
	纳税人识别号:43756577894
	地 址、电 话:江城市关山大道2号
	开户行及账号:工行 369875

备注: (江城市第一制漆厂 43756577894 发票专用章)

收款人:　　　复核:　　　开票人: 向云　　　销货单位:(章)

凭21-2

湖北增值税专用发票

4200083721　　　　　　　　　　　　　NO: 00435203
　　　　　　　　　　　　　　　　　　开票日期: 20×1年12月6日

购货单位	名　　称: 江城市南方股份有限公司	密码区					
	纳税人识别号: 420102621123456						
	地址、电话: 江城市江夏大街1号 027-23456789						
	开户行及账号: 建行123456						

货物或应税劳务名称	规格型号	单位	数量	单价	金额	税率	税额
油漆		千克	60	52.00	3 120.00	13%	405.60
合计					3 120.00		405.60

价税合计（大写）：⊗叁仟伍佰贰拾伍元陆角　　　　（小写）¥3 525.60

销货单位	名　　称: 市第一制漆厂	备注
	纳税人识别号: 43756577894	（江城市第一制漆厂 43756577894 发票专用章）
	地址、电话: 江城市关山大道2号	
	开户行及账号: 工行369875	

收款人：　　复核：　　开票人：向云　　销货单位：（章）

凭21-3

中国建设银行
转账支票存根
　　00046440

附加信息

出票日期 20×1年12月6日

收款人：市第一制漆厂
金　额：3 525.60
用　途：货款
单位主管 方杰　会计 王珍

凭 21-4

材料验收入库单

验收日期：20×1年12月6日

品名	规格	单位	数量		实际价格				计划价格	
			来料数	实际数	单价/元	总价/元	运杂费	合计/元	单价/元	总价/元
油漆		千克	60	60	52.00	3 120.00		3 120.00	50.00	3 000.00
合计			60	60				3 120.00		3 000.00

供销主管：吴猛　　验收保管：黄东　　采购：张颖　　制单：田园

（22）12月6日，购入华生金属公司生铁20吨，签发无息商业承兑汇票交给供货方，货已验收入库，对方代垫运费250.00元。

凭 22-1

湖北增值税专用发票

4200033652　　　　　　　　　　　　　　NO:00535607

开票日期：20×1年12月6日

购货单位	名　　　称：江城市南方股份有限公司	密码区
	纳税人识别号：420102621123456	
	地　址、电　话：江城市江夏大街1号	
	027-23456789	
	开户行及账号：建行 123456	

货物或应税劳务名称	规格型号	单位	数量	单价	金额	税率	税额
生铁		吨	20	1 300.00	26 000.00	13%	3 380.00
合计					26 000.00		3 380.00

价税合计（大写）　⊗贰万玖仟叁佰捌拾元整　　　　　　　（小写）¥29 380.00

销货单位	名　　　称：华生金属公司	备注
	纳税人识别号：310525442188	
	地　址、电　话：鄂州市东山路41号	
	开户行及账号：工行 772659	

收款人：　　　复核：　　　开票人：林晓　　　销货单位：（章）

凭 22-2

湖北增值税专用发票

4200033652　　　　　　　　　　　　　　　　NO:00535607

开票日期：20×1年12月6日

购货单位	名　　　　称：江城市南方股份有限公司	密码区	
	纳税人识别号：420102621123456		
	地　址、电　话：江城市江夏大街1号 027-23456789		
	开户行及账号：建行 123456		

货物或应税劳务名称	规格型号	单位	数量	单价	金额	税率	税额
生铁		吨	20	1 300.00	26 000.00	13%	3 380.00
合计					26 000.00		3 380.00

价税合计（大写）⊗贰万玖仟叁佰捌拾元整　　　　　　（小写）¥29 380.00

销货单位	名　　　　称：华生金属公司	备注	
	纳税人识别号：310525442188		
	地　址、电　话：鄂州市东山路41号		
	开户行及账号：工行 772659		

收款人：　　　复核：　　　开票人：林晓　　　销货单位：（章）

凭 22-3

××铁路局货物运费杂费收据

付款单位或姓名：华生金属公司　　　　20×1年12月6日　　　　No：062557

原运输票据	20×1年12月6日第20号	办理种别	
发　站		到　站	
车种车号		标　准	
货物名称	件　数	包　装	重　量	计费重量
生铁	20		20	吨

类　别	费　率	数　量	金　额	附　记
材　料	12.50	20	250.00	
过秤费				

合计金额（大写）贰佰伍拾元整

收款单位：××铁路局　　　　经办人：

凭22-4

材料验收入库单

验收日期：20×1年12月6日

品名	规格	单位	数量		实际价格				计划价格	
			来料数	实际数	单价/元	总价/元	运杂费/元	合计/元	单价/元	总价/元
生铁		吨	20	20	1 300.00	26 000.00	250.00	26 250.00	1 350.00	27 000.00
合计			20	20				26 250.00		27 000.00

供销主管：吴猛　　　验收保管：黄东　　　采购：刘静　　　制单：田园

凭22-5

商业承兑汇票（存根）

出票日期（大写）：　　　　　　　　　　　汇票号码

付款人	全称	江城市南方股份有限公司	收款人	全称	华生金属公司									
	账号	123456		账号	772659									
	开户银行	江城市建设银行江夏办		开户银行	鄂州市工商银行									
出票金额	人民币（大写）贰万玖仟陆佰叁拾元整		千	百	十	万	千	百	十	元	角	分		
					¥	2	9	6	3	0	0	0		
汇票到期日（大写）			付款人开户行		行号		建行							
交易合同号码					地址		江城市江夏区							
出票人签章			备注											

(23) 12月7日,以现金支付职工李游生活困难补助费 600.00 元。

凭 23-1

职工生活困难补助费发放表

姓　　名	补助金额/元	领款人签章	备注
李游	600.00	李游	
合　　计	600.00		

人民币（大写）陆佰元整

(24) 12月7日,铸造车间领用生铁15吨,计划单位成本 1 350.00 元,用于生产电动机。

凭 24-1

领　料　单

领料单位：铸造车间　　　　　　　　　　　　　　　　编号：
用途：　　　　　　　20×1 年 12 月 7 日　　　　　　仓库：

材料编号	材料名称	规格	计量单位	数量 请领	数量 实发	价格 单价/元	价格 金额/元
	生铁		吨	15	15	1 350.00	20 250.00
合计				15	15		20 250.00

记账：王珍　　　　　　　发料：李理　　　　　　　领料：苏建

(25) 12月7日,本年9月7日签发并承兑的一张商业承兑汇票到期,收到建设银行转来东江有色金属公司托收票款的委托收款凭证付款通知联,如数支付票款400 000.00元。

凭25-1

商业承兑汇票（存根）

出票日期（大写）：　　　　　　　　　　汇票号码

付款人	全称	江城市南方股份有限公司	收款人	全称	东江有色金属公司
	账号	123456		账号	285674
	开户银行	江城市建设银行江夏办		开户银行	西安市农商银行

出票金额	人民币（大写）肆拾万元整	千	百	十	万	千	百	十	元	角	分
			¥	4	0	0	0	0	0	0	0

汇票到期日（大写）		付款人开户行	行号		建行
交易合同号码			地址		江城市江夏区
出票人签章		备注			

凭25-2

| 委邮 |

托收凭证（付账通知）

委托号码：3547

委托日期：20×1年12月7日　　　无付款期

付款人	全称	江城市南方股份有限公司	收款人	全称	东江有色金属公司
	账号	123456		账号	285674
	开户银行	江城市建设银行江夏办事处		开户银行	西安市农商银行

委收金额	人民币（大写）肆拾万元整	千	百	十	万	千	百	十	元	角	分
				¥	4	0	0	0	0	0	0	0

款项内容		委托收款凭据名称		附寄单证张数	3

备注：

中国建设银行江夏办
20×1.12.07
转讫
(1)

付款人注意：
1）根据结算方法,上列委托收款,若在付款期限内未拒付时,即视同全部同意付款,以此联代付款通知。
2）如需提前付款或多付款时,应另写书面通知送银行办理。
3）如需全部或部分拒付,应在付款期限内另填拒绝付款理由书送银行办理。

此联是付款人开户银行给付款人按期付款的通知

单位主管：　　　　会计：　　　　复核：　　　　记账：

(26) 12月8日，与工商银行签订为期3个月的流动资金借款合同，金额为300 000.00元。借款已划转本公司账户。

凭26-1

中国工商银行借款凭证（代回单）

2017年12月8日

转账日期 20×1年12月8日

借款单位名称		江城市南方股份有限公司		放款账号	000036	往来账号	456789	
借款金额		人民币（大写）叁拾万元整			千百十万千百十元角分			
					¥ 3 0 0 0 0 0 0 0			
种类	三个月期流动资金借款	单位提出期限	自20×1年12月8日起至20×2年3月8日止				利率	6%
		银行核定期限	自20×1年12月8日起至20×2年3月8日止					
上列借款已收入你单位往来户内 此致 单位（10银行鉴章）			20×1.12.08 转讫			单位会计分录		

第四联 交借款单位

(27) 12月8日，开出转账支票购买办公用品4 520.00元，取得专用发票。

凭27-1

湖北增值税专用发票

4200075683

NO:00435203

开票日期：20×1年12月8日

购货单位	名　　　　称：江城市南方股份有限公司	密码区	
	纳税人识别号：420102621123456		
	地址、电话：江城市江夏大街1号 027-23456789		
	开户行及账号：建行123456		

货物或应税劳务名称	规格型号	单位	数量	单价	金额	税率	税额
办公用品		件			4 000.00	13%	520.00
合计					4 000.00		520.00
价税合计（大写）	⊗肆仟伍佰贰拾元整				（小写）¥4 520.00		

销货单位	名　　　　称：中百仓储超市	备注	
	纳税人识别号：54544896123		
	地址、电话：江城市藏龙大道3号		
	开户行及账号：建行665887		

收款人：　　　复核：　　　开票人：杨平　　　销货单位：（章）

第二联 抵扣联 购货方扣税凭证

凭 27-2

湖北增值税专用发票

4200075683　　　　　　　　　　　　　　　　　NO:00435203

开票日期：20×1年12月8日

购货单位	名　　　称：江城市南方股份有限公司 纳税人识别号：420102621123456 地　址、电　话：江城市江夏大街1号 　　　　　　　027-23456789 开户行及账号：建行123456	密码区

货物或应税 劳务名称	规格型号	单位	数量	单价	金额	税率	税额
办公用品		件			4 000.00	13%	520.00
合计					4 000.00		520.00
价税合计（大写）　⊗肆仟伍佰贰拾元整					（小写）¥4 520.00		

销货单位	名　　　称：中百仓储超市 纳税人识别号：54544896123 地　址、电　话：江城市藏龙大道3号 开户行及账号：建行665887	备注

收款人：　　　　复核：　　　　开票人：杨平　　　销货单位：（章）

中百仓储超市
54544896123
发票专用章

凭 27-3（要求自制）

中国建设银行
转账支票存根
　　00046441

附加信息

出票日期　年　月　日

收款人：
金　额：
用　途：

单位主管 方杰　会计 王珍

(28) 12月8日,签发一张2 880.00元转账支票,购买印花税票。

凭28-1

```
中国建设银行
转账支票存根
00046442

附加信息 _____
         _____
         _____

出票日期20×1年12月8日
收款人：
金　额：2 880.00
用　途：购买印花税票
单位主管 方杰 会计 王珍
```

(29) 12月9日,收到华兴水利电力公司前欠货款。

凭29-1

中国建设银行　进账单（收账通知）

20×1年12月9日

出票人	全称	华兴水利电力公司	收款人	全称	江城市南方股份有限公司	亿	千	百	十	万	千	百	十	元	角	分
	账号	963541		账号	123456											
	开户银行	重庆市工商银行桥东办事处		开户银行	江城市建设银行江夏办事处											
金额	人民币（大写）玖佰捌拾捌万柒仟伍佰元整						¥	9	8	8	7	5	0	0	0	0
票据种类	转账支票	票据张数	1	中国建设银行江夏办 20×1.12.09 转讫 收款人开户银行签章												
票据号码	009867															
复核　　　记账																

此联是收款人开户银行交给收款人的收账通知

(30) 12月9日,向武汉钢铁公司购入生铁25吨,增值税发票列示价款32 500.00元,税款4 225.00元,款项用银行承兑汇票结算,货已验收入库。

凭30-1

银行承兑汇票(存根)

出票日期(大写):　　　　　　　　　　　　汇票号码

付款人	全称	江城市南方股份有限公司	收款人	全称	武汉钢铁公司
	账号	123456		账号	166532
	开户银行	江城市建设银行江夏办		开户银行	武汉市工商银行青山办
出票金额	人民币(大写) 叁万陆仟柒佰贰拾伍元整		千 百 十 万 千 百 十 元 角 分 ¥　　　3 6 7 2 5 0 0		
汇票到期日 (大写)			付款人 开户行	行号	建行
交易合同号码				地址	江城市江夏区
出票人签章			备注		

凭30-2

湖北增值税专用发票

4200053650　　　　　　　　　　　　　　　　NO:00335803

开票日期:20×1年12月9日

购货单位	名　　称:江城市南方股份有限公司	密码区
	纳税人识别号:420102621123456	
	地　址、电　话:江城市江夏大街1号 027-23456789	
	开户行及账号:建行 123456	

货物或应税劳务名称	规格型号	单位	数量	单价	金额	税率	税额
生铁		吨	25	1 300.00	32 500.00	13%	4 225.00
合计					32 500.00		4 225.00
价税合计(大写)	⊗叁万陆仟柒佰贰拾伍元整				(小写)¥36 725.00		

销货单位	名　　称:武汉钢铁公司	备注
	纳税人识别号:498365289	
	地　址、电　话:武汉市青山区南京路	
	开户行及账号:工行 166532	

收款人:　　　　复核:　　　　开票人:陈凯　　　　销货单位:(章)

凭 30-3

湖北增值税专用发票

4200053650　　　　　　　　　　　　　　　NO:00335803

开票日期：20×1年12月9日

购货单位	名　　　称：江城市南方股份有限公司	密码区	
	纳税人识别号：420102621123456		
	地　址、电　话：江城市江夏大街1号 027-23456789		
	开户行及账号：建行 123456		

货物或应税劳务名称	规格型号	单位	数量	单价	金额	税率	税额
生铁		吨	25	1 300.00	32 500.00	13%	4 225.00
合计					32 500.00		4 225.00

价税合计（大写）	⊗叁万陆仟柒佰贰拾伍元整	（小写）¥36 725.00

销货单位	名　　　称：武汉钢铁公司	备注	武汉钢铁公司 498365289 发票专用章
	纳税人识别号：498365289		
	地　址、电　话：武汉市青山区南京路		
	开户行及账号：工行 166532		

收款人：　　　复核：　　　开票人：陈凯　　　销货单位：（章）

凭 30-4

材料验收入库单

验收日期：20×1年12月9日

品名	规格	单位	数量		实际价格				计划价格	
			来料数	实际数	单价	总价	运杂费	合计	单价	总价
生铁		吨	25	25	1 300.00	32 500.00		32 500.00	1 350.00	33 750.00
合计			25	25				32 500.00		33 750.00

供销主管：吴猛　　　验收保管：黄东　　　采购：马静　　　制单：田园

(31) 12月9日,以每股6.50元的成交价购买三九生化股份有限公司股票60 000股,准备短期持有以赚取差价。

凭31-1

上海证券中心登记结算公司

买卖类别:买入	成交日期:20×1年12月9日
股东代码:	股东姓名:江城市南方股份有限公司
资金账号:	合同号码:
证券名称:三九生化	委托时间:
成交号码:	成交金额:390 000.00
成交股数:60 000	
成交价格:6.50	
收付金额:390 000.00	
经办单位:	客户印章:

凭31-2

托收凭证(付账通知)

委托日期:20×1年12月9日

付款人	全称	江城市南方股份有限公司	收款人	全称	
	账号	123456		账号	
	开户银行	江城市建设银行江夏办事处		开户银行	
委收金额	人民币(大写)叁拾玖万元整			千百十万千百十元角分 ¥3 9 0 0 0 0 0 0	
款项内容		委托收款凭据名称		附寄单证张数	1

备注:

中国建设银行江夏办
20×1.12.09
转讫
(1)

付款人注意:
1) 根据结算方法,上列委托收款,若在付款期限内未拒付时,即视同全部同意付款,以此联代付款通知。
2) 如需提前付款或多付款时,应另写书面通知送银行办理。
3) 如需全部或部分拒付,应在付款期限内另填拒绝付款理由书送银行办理。

此联是付款人开户银行给付款人按期付款的通知

单位主管: 会计: 复核: 记账:

(32) 12月10日,签发并承兑商业承兑汇票一张,向武汉钢铁公司购入钢板10吨,采购单价5 040.00元,增值税专用发票列明价款50 400.00元,税款6 552.00元,货已验收入库。

凭32-1

商业承兑汇票(存根)

	出票日期(大写):						汇票号码						
付款人	全称	江城市南方股份有限公司	收款人	全称			武汉钢铁公司						
	账号	123456		账号			166532						
	开户银行	江城市建设银行江夏办		开户银行			武汉市工商银行青山办						
出票金额	人民币(大写)伍万陆仟玖佰伍拾贰元整		千	百	十	万	千	百	十	元	角	分	
					¥	5	6	9	5	2	0	0	
汇票到期日(大写)			付款人开户行		行号		建行						
交易合同号码					地址		江城市江夏区						
出票人签章			备注										

凭32-2

湖北增值税专用发票

4200053651   NO:00335803

开票日期:20×1年12月10日

购货单位	名称:	江城市南方股份有限公司	密码区					
	纳税人识别号:	420102621123456						
	地址、电话:	江城市江夏大街1号 027-23456789						
	开户行及账号:	建行 123456						
货物或应税劳务名称	规格型号	单位	数量	单价	金额	税率	税额
钢板		吨	10	5 040.00	50 400.00	13%	6 552.00
合计					50 400.00		6 552.00
价税合计(大写)	⊗伍万陆仟玖佰伍拾贰元整				(小写)¥56 952.00		
销货单位	名称:	武汉钢铁公司	备注				
	纳税人识别号:	498365289					
	地址、电话:	武汉市青山区南京路					
	开户行及账号:	工行 166532					

收款人: 复核: 开票人:陈凯   销货单位:(章)

凭 32-3

湖北增值税专用发票

4200053651　　　　　　　　　　　　NO:00335803

开票日期：20×1年12月10日

购货单位	名　　　称：江城市南方股份有限公司	密码区	
	纳税人识别号：420102621123456		
	地　址、电　话：江城市江夏大街1号 027-23456789		
	开户行及账号：建行 123456		

货物或应税劳务名称	规格型号	单位	数量	单价	金额	税率	税额
钢板		吨	10	5 040.00	50 400.00	13%	6 552.00
合计					50 400.00		6 552.00

价税合计（大写）	⊗伍万陆仟玖佰伍拾贰元整	（小写）¥56 952.00

销货单位	名　　　称：武汉钢铁公司	备注	
	纳税人识别号：498365289		
	地　址、电　话：武汉市青山区南京路		
	开户行及账号：工行 166532		

收款人：　　　复核：　　　开票人：陈凯　　　销货单位：（章）

第三联 发票联 购货方记账凭证

凭 32-4

材料验收入库单

验收日期：20×1年12月10日

品名	规格	单位	数量		实际价格				计划价格	
			来料数	实际数	单价	总价	运杂费	合计	单价	总价
钢板		吨	10	10	5 040.00	50 400.00		50 400.00	5 030.00	50 300.00
合计			10	10				50 400.00		50 300.00

供销主管：吴猛　　　验收保管：黄东　　　采购：马静　　　制单：田园

(33) 12月10日,签发现金支票一张,向银行提取 1 000.00 元备用。

凭 33-1(要求自制)

中国建设银行 现金支票存根	中国建设银行　现金支票　10404312
10404312	00256433
00256433	出票日期(大写)　年　月　日　付款行名称:
附加信息	收款人:　　　　　　　　　　　出票人账号:
出票日期　年 月 日	人民币(大写)　亿千百十万千百十元角分
收款人:	用途_____　密码_____
金　额:	上列款项请从
用　途:	我账户内支付
单位主管 方杰 会计 王珍	出票人签章　　复核　　记账

(34) 12月10日,上缴上月企业负担的社会保险费 495 360.00 元、住房公积金 108 360.00 元;个人负担的社会保险费 170 280.00 元、住房公积金 108 360.00 元。合计 882 360.00 元。

凭 34-1

20×1年11月保险费和住房公积金结算表

项目\部门	明细	职工人数	工资	缴费基数	企业负担保险 32%	企业负担公积金 7%	个人负担保险 11%	个人负担公积金 7%
工资标准	总经理 8 000 元/(月·人);部门经理 6 000 元/(月·人);财务部 4 500 元/(月·人);销售部 5 000 元/(月·人);车间主管 4 000 元/(月·人);人力资源部 4 500 元/(月·人);其他人员 3 500 元/(月·人)。							
缴费标准	总经理 5 000 元/(月·人);部门经理 5 000 元/(月·人);财务、销售部及人力资源部 4 000 元(月·人);其他人员 3 000 元/(月·人)。							
铸造车间 (2个主管,90个生产工人)	管理人员	2	8 000.00	6 000.00	1 920.00	420.00	660.00	420.00
	生产工人	90	315 000.00	270 000.00	86 400.00	18 900.00	29 700.00	18 900.00
	小计	92	323 000.00	276 000.00	88 320.00	19 320.00	30 360.00	19 320.00
加工车间 (2个主管,150个生产工人)	管理人员	2	8 000.00	6 000.00	1 920.00	420.00	660.00	420.00
	生产工人	150	525 000.00	450 000.00	144 000.00	31 500.00	49 500.00	31 500.00
	小计	152	533 000.00	456 000.00	145 920.00	31 920.00	50 160.00	31 920.00
装配车间 (2个主管,150个生产工人)	管理人员	2	8 000.00	6 000.00	1 920.00	420.00	660.00	420.00
	生产工人	150	525 000.00	450 000.00	144 000.00	31 500.00	49 500.00	31 500.00
	小计	152	533 000.00	456 000.00	145 920.00	31 920.00	50 160.00	31 920.00
管理部门 (1总5经,24个一般管理人员)		30	136 000.00	116 000.00	37 120.00	8 120.00	12 760.00	8 120.00
销售部门 (46个销售人员)		46	230 000.00	184 000.00	58 880.00	12 880.00	20 240.00	12 880.00
机修车间 (20个机修工人)		20	70 000.00	60 000.00	19 200.00	4 200.00	6 600.00	4 200.00
合计		492	1 825 000.00	1 548 000.00	495 360.00	108 360.00	170 280.00	108 360.00

凭 34-2

```
中国建设银行
转账支票存根
   00046443

附加信息
_____
_____
_____
_____

出票日期 20×1年12月10日
收款人：江城市住房公积
        金管理中心
金　额：216 720.00
用　途：住房公积金
单位主管 方杰 会计 王珍
```

凭 34-3

江城市住房公积金汇（补）缴书

20×1年12月10日　　　　　　　　　　0000007

	缴存单位	江城市南方股份有限公司		公积金账号			2244856						
客户填写	缴存金额（大写）	贰拾壹万陆仟柒佰贰拾元整			千	百	十	万	千	百	十	元	角	分
					¥	2	1	6	7	2	0	0	0
	上月汇缴		本月增加汇缴		本月减少汇缴		本月汇缴						
	人数	金额	人数	金额	人数	金额	人数		金额				
							492		216 720.00				
	汇缴 20×1年11月			补缴人数：　　人			附变更清册：　　张						
	补缴			补缴金额：　　元			附补缴清册：　　张						
受理网点填写	业务审核			资金入账									
							单位印鉴						

江城市住房公积金管理中心监制

凭34-4

社会保险费缴费申报表

填表日期：20×1年12月10日

缴费单位（人）全称		江城市南方股份有限公司	缴费所属日期 20×1年11月1日至20×1年11月30日					
费别	项目	缴费人数	缴费基数	缴费率	应缴金额	批准缓缴金额	已缴金额	实缴金额	欠缴金额
		(1)	(2)	(3)	(4)=(2)×(3)	(5)	(6)	(7)	(8)
基本养老保险费	单位	492	1 548 000.00	20%	309 600.00			309 600.00	
	个人	492	1 548 000.00	8%	123 840.00			123 840.00	
医疗保险费	单位	492	1 548 000.00	8%	123 840.00			123 840.00	
	个人	492	1 548 000.00	2%	30 960.00			30 960.00	
失业保险费	单位	492	1 548 000.00	2%	30 960.00			30 960.00	
	个人	492	1 548 000.00	1%	15 480.00			15 480.00	
工伤保险费		492	1 548 000.00	1%	15 480.00			15 480.00	
生育保险费		492	1 548 000.00	1%	15 480.00			15 480.00	
合计				43%	665 640.00			665 640.00	
如缴费单位（人）填报，请填写下列各栏				如委托代理人填报，请填写下列各栏					
单位（人）（盖章）		经办人（盖章）		代理人名称 代理人地址		代理人（盖章）			

凭34-5

转账日期：20×1年12月10日	
纳税人全称及识别号 420102621123456	
付款人全称：江城市南方股份有限公司	
付款人账号：123456	征收机关名称：江城市社保局
付款人开户银行：建行江夏办	收款国库（银行）名称
小写（合计）金额：665 640.00	缴款书交易流水号
大写（合计）金额：陆拾陆万伍仟陆佰肆拾元整	税票号码
税（费）种名称	所属时期	实缴金额
生育保险基金　　1%	20×11101—20×11130	15 480.00
工伤保险基金　　1%	20×11101—20×11130	15 480.00
失业保险基金　　2%+1%=3%	20×11101—20×11130	46 440.00
基本养老保险基金 20%+8%=28%	20×11101—20×11130	433 440.00
基本医疗保险基金 8%+2%=10%	20×11101—20×11130	154 800.00

(35)12月10日,申报并代缴上月工资的个人所得税2 712.80元。

凭35-1

工薪所得适用税率（七级超额累进税率）					
级数	全月应纳税所得额（扣除标准3 500）		税率(%)	速算扣除数	
	含税级距	不含税级距			
1	不超过1 500元的部分	不超过1 455元的部分	3	0	
2	超过1 500元至4 500元的部分	超过1 455元至4 155元的部分	10	105	
3	超过4 500元至9 000元的部分	超过4 155元至7 755元的部分	20	555	
4	超过9 000元至35 000元的部分	超过7 755元至27 255元的部分	25	1 005	
5	超过35 000元至55 000元的部分	超过27 255元至41 255元的部分	30	2 755	
6	超过55 000元至80 000元的部分	超过41 255元至57 505元的部分	35	5 505	
7	超过80 000元的部分	超过57 505元的部分	45	13 505	
管理人员个人所得税额 (1总 5经 6财务 8人力 10其他)	（8 000+600−5 000×18%−3 500）×10%−105 +5×[（6 000+600−5 000×18%−3 500）×10%−105] +6×[（4 500+600−4 000×18%−3 500）×3%] +8×（4 500+600−4 000×18%−3 500）×3% +10×（3 500+600−3 000×18%−3 500）×3% =315+5×115+6×26.4+8×26.4+10×1.8=1 277.60（元）.				
销售部门个人所得税额 (46个销售人员)	46×（5 000+200−4 000×18%−3 500）×3% =1 352.40（元）				
车间管理人员个人所得税额 (6个车间主管)	6×（4 000+500−3 000×18%−3 500）×0.03 =82.80（元）				
一般生产工人个人所得税额	0				
机修车间工人个人所得税额	0				
合计工资个人所得税	1 277.60+1 352.40+82.80=2 712.80（元）				

凭35-2

转账日期：20×1年12月10日	
纳税人全称及识别号420102621123456	
付款人全称：江城市南方股份有限公司	
付款人账号：123456	征收机关名称：江夏地税
付款人开户银行：建行江夏办	收款国库（银行）名称
小写（合计）金额：2 712.80	缴款书交易流水号
大写（合计）金额：贰仟柒佰壹拾贰元捌角	税票号码
税（费）种名称	所属时期	实缴金额
个人所得税	20×1年11月工资	2 712.80

(36) 12月11日，用现金支付行政部门汽车修理费用205.00元，取得增值税普通发票。

凭36-1

湖北增值税普通发票

4200162412　　　　　　　　　　　　　　　　NO:01723563

开票日期：20×1年12月11日

购货单位	名　　　　称：江城市南方股份有限公司 纳税人识别号：420102621123456 地　址、电　话：江城市江夏大街1号　　　　　　　　027-23456789 开户行及账号：建行 123456	密码区	
货物或应税劳务名称	规格型号	单位	数量	单价	金额	税率	税额
汽车修理					199.03	3%	5.97
合计					199.03		5.97
价税合计（大写）	⊗贰佰零伍元整				（小写）¥205.00		
销货单位	名　　　　称：彩虹汽车修理厂 纳税人识别号：947562183426 地　址、电　话：江城市解放大道2号 开户行及账号：工行 521521	备注	彩虹汽车修理厂 947562183426 发票专用章

收款人：　　　　复核：　　　　开票人：方芳　　　　销货单位：（章）

(37) 12月11日，厂办报销业务招待费1 200.00元，开出现金支票。

凭37-1

中国建设银行 现金支票存根 **10404312** 00256434 附加信息 _____ _____ 出票日期20×1年12月11日 收款人： 金　额：1 200.00 用　途：业务招待费 单位主管 方杰 会计 王珍	中国建设银行　　现金支票　　10404312　　00256434 出票日期（大写）贰零壹柒年壹拾贰月壹拾壹日　付款行名称： 收款人：　　　　　　　　　　　　　　　　　　　出票人账号： 人民币（大写）　壹仟贰佰元整　　亿千百十万千百十元角分 ¥ 1 2 0 0 0 0 用途　厂办业务招待费　　密码_____ 上列款项请从我账户内支付 出票人签章　　　　复核　　　　记账

凭 37-2

江城南方费用报销单

填报人		部 别	厂办	日 期	20×1年12月11日
费用类型		填 报 说 明			
管理费用		业务招待费			
金额		仟 佰 拾⊗万壹仟贰佰零拾零元零角零分		¥1 200.00	
原支款		应付（退）款		财务审核人	
批准人		部门负责人		财务负责人	

附单据 2 张

（38）12月11日，承付通山煤矿购煤款，价税合计39 058.99元，煤在途。

凭 38-1

托收凭证（承付支款通知）

委托日期：20×1年12月11日

业务类型		委托收款（□邮划、□电划）			托收承付（□邮划、□电划）										
付款人	全称	江城市南方股份有限公司		收款人	全称	通山煤矿公司									
	账号	123456			账号	886858									
	地址	江城市江夏大街1号			地址	咸宁市山顶大道88号									
金额	人民币（大写）叁万玖仟零伍拾捌元玖角玖分					亿	千	百	十	万	千	百	十	元	角	分
									¥	3	9	0	5	8	9	9
款项内容			托收凭证名称		附寄单证张数				3						
商品发运情况			铁路运输		合同名称号码				00865						
备注：			款项收妥日期												
复核　　记账				年　月　日	收款人开户银行业务专用章				年　月　日						

建设银行咸宁开发区支行　20×1.12.11　业务专用章

此联是付款人开户银行通知付款人按期承付货款的通知

凭38-2

湖北增值税专用发票

4200083475　　　　　　　　　　　　　　　　　　NO:00556412

开票日期：20×1年12月11日

购货单位	名　　称：江城市南方股份有限公司 纳税人识别号：420102621123456 地　址、电　话：江城市江夏大街1号 　　　　　　　　027-23456789 开户行及账号：建行 123456	密码区

货物或应税劳务名称	规格型号	单位	数量	单价	金额	税率	税额
煤		吨	200		34 565.48	13%	4 493.51
合计					34 565.48		4 493.51

价税合计（大写）	⊗ 叁万玖仟零伍拾捌元玖角玖分 　　　　　　（小写）¥39 058.99

销货单位	名　　称：通山煤矿公司 纳税人识别号：4731048569 地　址、电　话：咸宁市山顶大道88号 开户行及账号：建行 886858	备注

收款人：　　　　复核：　　　　开票人：袁媛　　　　销货单位：（章）

第二联 抵扣联 购货方扣税凭证

凭38-3

湖北增值税专用发票

4200083475　　　　　　　　　　　　　　　　　　NO:00556412

开票日期：20×1年12月11日

购货单位	名　　称：江城市南方股份有限公司 纳税人识别号：420102621123456 地　址、电　话：江城市江夏大街1号 　　　　　　　　027-23456789 开户行及账号：建行 123456	密码区

货物或应税劳务名称	规格型号	单位	数量	单价	金额	税率	税额
煤		吨	200		34 565.48	13%	4 493.51
合计					34 565.48		4 493.51

价税合计（大写）	⊗ 叁万玖仟零伍拾捌元玖角玖分 　　　　　　（小写）¥39 058.99

销货单位	名　　称：通山煤矿公司 纳税人识别号：4731048569 地　址、电　话：咸宁市山顶大道88号 开户行及账号：建行 886858	备注

收款人：　　　　复核：　　　　开票人：袁媛　　　　销货单位：（章）

第三联 发票联 购货方记账凭证

(39) 12月12日,铸造车间领用钢板5吨,计划单位成本5 030.00元。

凭39-1

领 料 单

领料单位:铸造车间　　　　　　　　　　　　　　　　　　　编号:
用途:　　　　　　　20×1年12月12日　　　　　　　　　　　仓库:

材料编号	材料名称	规格	计量单位	数量		价格	
				请领	实发	单价/元	金额/元
	钢板		吨	5	5	5 030.00	25 150.00
合计				5	5		25 150.00

记账:王珍　　　　　　发料:李理　　　　　　领料:苏建

(40) 12月12日,装配车间领用油漆50千克,计划单位成本50.00元。

凭40-1

领 料 单

领料单位:装配车间　　　　　　　　　　　　　　　　　　　编号:
用途:　　　　　　　20×1年12月12日　　　　　　　　　　　仓库:

材料编号	材料名称	规格	计量单位	数量		价格	
				请领	实发	单价/元	金额/元
	油漆		千克	50	50	50.00	2 500.00
合计				50	50		2 500.00

记账:王珍　　　　　　发料:李理　　　　　　领料:方圆

(41) 12月12日，向华汇零件厂出售油漆10千克，单价60.00元。

凭41-1

湖北增值税专用发票

4200083548　　　　　　　　　　　　　　　NO:00235218

此联不作报销、抵税凭证使用　　开票日期：20×1年12月12日

购货单位	名　　　　称：华汇零件厂	密码区		
	纳税人识别号：478885555			
	地　址、电　话：江城市南湖路132号 027-6698547			
	开户行及账号：工行 888999			

货物或应税劳务名称	规格型号	单位	数量	单价	金额	税率	税额
油漆		千克	10	60.00	600.00	13%	78.00
合计					600.00		78.00

价税合计（大写）⊗陆佰柒拾捌元整　　　　　　　　（小写）678.00

销货单位	名　　　　称：江城市南方股份有限公司	备注
	纳税人识别号：420102621123456	
	地　址、电　话：江城市江夏大街1号	
	开户行及账号：建 123456	

收款人：　　　复核：　　　开票人：王珍　　　销货单位：（章）

（江城市南方股份有限公司 420102621123456 发票专用章）

凭41-2

中国建设银行　进账单（收账通知）

20×1年12月12日

出票人	全称	华汇零件厂	收款人	全称	江城市南方股份有限公司
	账号	888999		账号	123456
	开户银行	江城市工商银行南湖支行		开户银行	江城市建设银行江夏办事处

金额	人民币（大写）陆佰柒拾捌元整	亿	千	百	十	万	千	百	十	元	角	分
							¥	6	7	8	0	0

票据种类	转账支票	票据张数	1
票据号码	008341		
复核		记账	

（中国建设银行江夏办 20×1.12.12 转讫）

收款人开户银行签章

凭 41-3

产品出库单

购货单位：华汇零件厂　　　20×1 年 12 月 12 日　　　　　编号

编号	名称及规格	单位	数量	单位成本/元	总成本/元	备注
	油漆	千克	10	50.00	500.00	
	合计		10	50.00	500.00	

仓库主管：李敏　　　保管：刘英　　　经发：陈欧　　　制单：王寅

(42) 12 月 13 日，财产清查，盘亏现金 250.00 元，原因待查。

凭 42-1

现金盘点报告表

单位：江城市南方股份有限公司　　　20×1 年 12 月 13 日　　　　　元

实存金额	账存金额	实存账存对比		备注
		盘盈	盘亏	
			250.00	

盘点人签章：白雪　　　　　　　　　　　　　　出纳签章：李丽

(43) 12 月 13 日，加工车间一台普通车床，原价为 150 000.00 元，已提折旧 140 000.00 元，因使用期满批准报废。清理过程中以现金支付清理费 250.00 元，残料变价收入 12 000.00 元存入银行。

凭 43-1

固定资产清理报废单

20×1 年 12 月 13 日签发

主管部门：江城市南方股份有限公司			使用单位：加工车间						
名称及型号	单位	数量	原始价值	已提折旧	预计净残值	预计使用年限	实际使用年限	支付清理费	变价收入
车床	台	1	150 000.00	140 000.00	10 000.00	10	12	250.00	12 000.00
制造单位	出厂日期		出厂号	申请报废原因	使用期满批准报废				
×××	20×9年								

凭43-2

专用收款单据

No.0675831

收款日期：20×1年12月13日

鄂财会账证105号

付款单位（交款人）	市物资回收公司	收款单位（收款人）	江城市南方股份有限公司	收款项目		报废清理					
人民币（大写）	壹万贰仟元整			千	百	十	万	千	百	十	元	角	分	结算方式
							¥1	2	0	0	0	0	0	现金
收款事由	报废设备变价收入			经办	部门		公司办公室
					人员		
上述款项照数收讫无误。收款单位财会专用章（领导人签章）		会计主管	稽核	出纳	交款人
		方杰		李丽	

第二联 收款单位记账凭证

凭43-3

固定资产清理损益计算表

单位：元

原值	折旧	净值	赔偿	清理费用	残值收入
150 000.00	140 000.00	10 000.00		250.00	12 000.00
营业外收入	人民币大写：壹仟柒佰伍拾元整			小写：¥1 750.00	
营业外支出	人民币大写：			小写：	

凭43-4

中国建设银行　进账单（收账通知）

20×1年12月13日

出票人	全称		收款人	全称	江城市南方股份有限公司
	账号			账号	123456
	开户银行			开户银行	江城市建设银行江夏办事处
金额	人民币（大写）壹万贰仟元整			亿 千 百 十 万 千 百 十 元 角 分 ¥1 2 0 0 0 0 0	
票据种类		票据张数	1	中国建设银行江夏办 20×1.12.13 转讫（1）	
票据号码					
	复核	记账		收款人开户银行签章	

此联是收款人开户银行交给收款人的收账通知

(44) 12月13日，申报并缴纳上月增值税 330 000.00 元。

凭 44-1

20×1年11月增值税纳税申报表（适用一般纳税人）

	项　　目	栏　　次	本月数
销售额	（一）按适用税率征收货物及劳务销售额	(1)	
	其中：应税货物销售额	(2)	
	应税劳务销售额	(3)	
	纳税检查调整的销售额	(4)	
	（二）按简易征收办法征税货物销售额	(5)	
	其中：纳税检查调整的销售额	(6)	
	（三）免、抵、退办法出口货物销售额	(7)	
	（四）免税货物及劳务销售额	(8)	
	其中：免税货物销售额	(9)	
	免税劳务销售额	(10)	
税款计算	销项税额	(11)	
	进项税额	(12)	
	上期留抵税额	(13)	
	进项税额转出	(14)	
	免抵退货物应退税额	(15)	
	按适用税率计算的纳税检查应补缴税额	(16)	
	应抵扣税额合计	(17)=(12)+(13)-(14)-(15)+(16)	
	实际抵扣税额	(18)(如(17)<(11)，则为(17)，否则为(11))	
	应纳税额	(19)=(11)-(18)	
	期末留抵税额	(20)=(17)-(18)	
	简易征收办法计算的应纳税额	(21)	
	按简易征收办法计算的纳税检查应补缴税额	(22)	
	应纳税额减征额	(23)	
	应纳税额合计	(24)=(19)+(21)-(23)	330 000.00
税款缴纳	期初未缴税额（多缴为负数）	(25)	
	实收出口开具专用缴款书退税额	(26)	
	本期已缴税额	(27)=(28)+(29)+(30)+(31)	
	① 分次预缴税额	(28)	
	② 出口开具专用缴款书预缴税额	(29)	
	③ 本期缴纳上期应纳税额	(30)	
	④ 本期缴纳欠缴税额	(31)	
	期末未缴税额（多缴为负数）	(32)=(24)+(25)+(26)-(27)	
	其中，欠缴税额（≥0）	(33)=(25)+(26)-(27)	
	本期应补（退）税额	(34)=(24)-(28)-(29)	
	即征即退实际退税额	(35)	
	期初未缴查补税额	(36)	
	本期入库查补税额	(37)	
	期末未缴查补税额	(38)=(16)+(22)+(36)-(37)	

凭 44-2

增值税纳税申报表附列资料

增值税纳税申报表附列资料（表一）	本期销售情况明细	一、一般计税方法计税 二、简易计税方法计税 三、免抵退税 四、免税
增值税纳税申报表附列资料（表二）	本期进项税额明细	一、申请抵扣的进项税额 二、进项税额转出额 三、待抵扣进项税额 四、其他
增值税纳税申报表附列资料（表三）	应税服务扣除项目明细	一般纳税人提供应税服务，在确定应税服务销售额时，按照有关规定可以从取得的全部价款和价外费用中扣除价款的，需填报。其他情况不填写该附列资料
增值税纳税申报表附列资料（表四）	税额抵减情况表	增值税税控系统专用设备费及技术维护费；分支机构预征缴纳税款
固定资产进项税额抵扣情况表		增值税专用发票；海关进口增值税专用缴款书

凭 44-3

转账日期：20×1年12月13日			
纳税人全称及识别号：江城市南方股份有限公司 420102621123456			
付款人全称：江城市南方股份有限公司			
付款人账号：123456		征收机关名称：江夏国税	
付款人开户银行：建行江夏办		收款国库（银行）名称	
小写（合计）金额：330 000.00		缴款书交易流水号	
大写（合计）金额：叁拾叁万元整		税票号码	
税（费）种名称		所属时期	实缴金额
增值税		20×11101－20×11130	330 000.00

（45）12月13日，申报并缴纳上月城市维护建设税23 100.00元，教育费附加9 900.00元。

凭45-1

附加税（费）纳税申报表

纳税人识别号：4 2 0 1 0 2 6 2 1 1 2 3 4 5 6

纳税人名称：（公章）

税款所属期限：自20×1年11月1日至20×1年11月30日

填表日期：20×1年12月13日　　　　　　　　　　金额单位：元（列至角分）

计税依据（计征依据）		计税金额	税率（征收率）	本期应纳税额	本期已缴税额	本期应补（退）税额
		(1)	(2)	(3)=(1)×(2)	(4)	(5)=(3)−(4)
城市维护建设税	增值税	330 000.00	7%	23 100.00		
	消费税		7%			
	合计	330 000.00	—	23 100.00		
教育费附加	增值税	330 000.00	3%	9 900.00		
	消费税		3%			
	合计	330 000.00	—	9 900.00		
地方教育附加	增值税		2%			
	消费税		2%			
	合计		—			
堤防维护费	增值税		2%			
	消费税		2%			
	合计		—			

纳税人或代理人声明：此纳税申报表是根据国家税收法律的规定填报的，我确信它是真实的、可靠的、完整的	如纳税人申报，由纳税人填写以下各栏					
	经办人（签章）	王珍	会计主管（签章）	方杰	法定代表人（签章）	张庆
	如委托代理人填报，由纳税人填写以下各栏					
	代理人名称				代理人（公章）	
	经办人（签章）					
	联系电话					

凭 45-2

转账日期：20×1年12月13日			
纳税人全称及识别号：江城市南方股份有限公司 420102621123456			
付款人全称：江城市南方股份有限公司			
付款人账号：123456		征收机关名称：江夏地税	
付款人开户银行：建行江夏办		收款国库（银行）名称	
小写（合计）金额：33 000.00		缴款书交易流水号	
大写（合计）金额：叁万叁仟元整		税票号码	
税（费）种名称	所属时期		实缴金额
城市维护建设税	20×11101—20×11130		23 100.00
教育费附加	20×11101—20×11130		9 900.00

（46）12月13日，申报并预缴上月企业所得税378 000.00元，上月实际利润1 512 000.00元。

凭 46-1

转账日期：20×1年12月13日			
纳税人全称及识别号：江城市南方股份有限公司 420102621123456			
付款人全称：江城市南方股份有限公司			
付款人账号：123456		征收机关名称：江夏国税	
付款人开户银行：建行江夏办		收款国库（银行）名称	
小写（合计）金额：378 000.00		缴款书交易流水号	
大写（合计）金额：叁拾柒万捌仟元整		税票号码	
税（费）种名称	所属时期		实缴金额
企业所得税	20×11101—20×11130		378 000.00

凭 46-2

中华人民共和国企业所得税月(季)度预缴纳税申报表(A 类)
所属期限 20×1年11月

行次	项 目	本期金额	累计金额
(1)	一、按照实际利润额预缴		
(2)	营业收入		
(3)	营业成本		
(4)	利润总额		
(5)	加：特定业务计算的应纳税所得额		
(6)	减：不征税收入		
(7)	免税收入		
(8)	弥补以前年度亏损		
(9)	实际利润额((4)+(5)−(6)−(7)−(8))	1 512 000.00	
(10)	税率(25%)	25%	
(11)	应纳所得税额	378 000.00	
(12)	减：减免所得税额		
(13)	减：实际已预缴所得税额	—	
(14)	减：特定业务预缴(征)所得税额		
(15)	应补(退)所得税额((11)−(12)−(13)−(14))		
(16)	减：以前年度多缴在本期抵缴所得税额		
(17)	本期实际应补(退)所得税额		
(18)	二、按照上一纳税年度应纳税所得额平均额预缴		
(19)	上一纳税年度应纳税所得额	—	
(20)	本月(季)应纳税所得额((19)×1/4 或 1/12)		
(21)	税率(25%)		
(22)	本月(季)应纳所得税额((20)×(21))		
(23)	三、按照税务机关确定的其他方法预缴		
(24)	本月(季)确定预缴的所得税额		
(25)	总分机构纳税人		
(26)	总机构	总机构应分摊所得税额		
(27)		财政集中分配所得税额		
(28)		分支机构应分摊所得税额		
(29)		其中：总机构独立经营部门应分摊所得税额		
(30)		总机构已撤销分支机构应分摊所得税额		
(31)	分支机构	分配比例		
(32)		分配所得税额		

谨声明：此纳税申报表是根据《中华人民共和国企业所得税法》、《中华人民共和国企业所得税法实施条例》和国家有关税收规定填报的，是真实的、可靠的、完整的。

法定代表人(签字)：张庆　　20×1年12月13日

(47) 12月14日,出售三九生化股份有限公司股票60 000股,成交价每股7.50元。另外发生相关税费及手续费1 500.00元。

凭47-1

上海证券中心登记结算公司

买卖类别:卖出	成交日期:20×1年12月14日
股东代码:	股东姓名:江城市南方股份有限公司
资金账号:	合同号码:
证券名称:三九生化	委托时间:
成交号码:	成交金额:450 000.00
成交股数:60 000	手续费:1 050.00
成交价格:7.50	印花税:450.00
收付金额:448 500.00	

经办单位: 客户印章:

凭47-2

中国建设银行　进账单（收账通知）

20×1年12月14日

出票人	全称			收款人	全称	江城市南方股份有限公司
	账号				账号	123456
	开户银行				开户银行	江城市建设银行江夏办事处
金额	人民币(大写)肆拾肆万捌仟伍佰元整			亿 千 百 十 万 千 百 十 元 角 分 ¥ 4 4 8 5 0 0 0 0		
票据种类		票据张数	1	中国建设银行江夏办 20×1.12.14 收款人开户银行签章 (1)		
票据号码						
复核　　记账						

此联是收款人开户银行交给收款人的收账通知

(48) 12月14日,企业用一栋房屋对华光股份有限公司进行投资,房屋评估价为 2 500 000.00元,投资占华光股份有限公司注册资本的35%,对华光股份有限公司具有重大影响,采用权益法进行核算。(不考虑相关税费)

凭48-1

投 资 合 同

甲方：江城市南方股份有限公司

乙方：华光股份有限公司

经甲乙双方协商决定,甲方以房屋一栋对乙方投资,该房屋经评估价值为2 500 000.00元,甲方投资额占乙方注册资本的35%。

此合同一式两份,甲乙双方各执一份。

此合同从2017年12月14日起生效。

甲方法人代表：张庆

乙方法人代表：李军

20×1年12月

凭48-2

资产评估报告

江城市南方股份有限公司：

本所受贵公司委托,自20×1年12月4日至20×1年12月14日对贵公司准备投入华光股份有限公司的房屋进行评估。

我们本着真实、公正、科学的原则,在核实资产的基础上,采纳专家的意见,运用科学的方法进行评估,现将评估结果报告如下：

该房屋原值为3 500 000.00元,累计折旧1 200 000.00元,净值为2 300 000.00元。评估后,该资产的价值为2 500 000.00元。

特此公正

附件1份：评估表

新型评估中心

主任：张涛

会计师：王伟

经济师：李兵

20×1年12月14日

（评估表略）

（投资合同略）

(49) 12月14日，签发转账支票一张，为职工王飞垫付人身保险费 30 000.00 元。

凭 49-1

```
中国建设银行
转账支票存根
00046444

附加信息
_____
_____
_____

出票日期 20×1年12月14日
收款人：保险公司
金　额：30 000.00
用　途：为职工垫付保险
单位主管 方杰  会计 王珍
```

(50) 12月15日，签发转账支票一张，支付本公司办公楼修理费 3 613.70 元，收到安居装修公司开具的增值税专用发票。

凭 50-1

湖北增值税专用发票

4200032641　　　　　　　　　　　NO:00656403
　　　　　　　　　　　　　　　　开票日期：20×1年12月15日

购货单位	名　称：江城市南方股份有限公司 纳税人识别号：420102621123456 地址、电话：江城市江夏大街1号 027-23456789 开户行及账号：建行123456	密码区		
货物或应税劳务名称	规格型号	单位	数量	单价	金额	税率	税额
办公楼修理					3 315.32	9%	298.38
合计					3 315.32		298.38
价税合计（大写）	⊗叁仟陆佰壹拾叁元柒角				（小写）¥3 613.70		
销货单位	名　称：安居装修公司 纳税人识别号：8756941236859 地址、电话：江城市光谷一路5号 开户行及账号：工行232725	备注					

收款人：　　　复核：　　　开票人：黄荣　　　销货单位：（章）

凭 50-2

湖北增值税专用发票

4200032641　　　　　　　　　　　　　　　　NO:00656403

开票日期：20×1年12月15日

购货单位	名　　称：	江城市南方股份有限公司	密码区					
	纳税人识别号：	420102621123456						
	地　址、电话：	江城市江夏大街1号 027-23456789						
	开户行及账号：	建行 123456						

货物或应税劳务名称	规格型号	单位	数量	单价	金额	税率	税额
办公楼修理					3 315.32	9%	298.38
合计					3 315.32		298.38

价税合计（大写）　⊗叁仟陆佰壹拾叁元柒角　　　　　　　（小写）¥3 613.70

销货单位	名　　称：	安居装修公司	备注
	纳税人识别号：	8756941236859	
	地　址、电话：	江城市光谷一路5号	
	开户行及账号：	工行 232725	

收款人：　　　　复核：　　　　开票人：黄荣　　　　销货单位：（章）

凭 50-3

中国建设银行
转账支票存根
00046445

附加信息 _____

_____

_____

出票日期 20×1年12月15日

收款人：	安居装修公司
金　额：	3 613.70
用　途：	修理费

单位主管 方杰　会计 王珍

(51) 12月15日,13日盘亏的现金250.00元,无法查明原因,经批准作管理费用处理。

凭51-1

财产清查结果的处理
20×1年12月15日

项目	现金
盘点结果	盘亏250元
原因	无法查明原因
处理意见: 建议作管理费用处理	签字:
审批结果: 同意作管理费用处理	签字: 盖章:

(52) 12月15日,销售部职工许理报销联系销售业务的市内交通费62.00元,出纳以现金支付。

凭52-1

江城南方费用报销单

填报人	许理	部　别	供销科	日　期	20×1年12月15日
费用类型		填　报　说　明			
销售费用		交通费			
		现金付讫			
金额	仟 佰 拾 万 仟⊗佰陆拾贰元零角零分			¥62.00	
原支款		应付(退)款		财务审核人	
批准人		部门负责人		财务负责人	

附单据 2 张

(53) 12月15日,电动机Ⅱ毛坯件20件完工入库。

凭53-1

毛坯件入库单

入库部门：铸造车间　　　验收日期：20×1年12月15日　　　编号：

编号	名称及规格	单位	数量	单位成本/元	总成本/元	备注
	电动机Ⅱ毛坯件	件	20	1 100.00	22 000.00	
	合　　计		20		22 000.00	

第三联　财务记账

仓库主管：汪建军　　保管：张虎　　经发：李文　　制单：邓硕

(54) 12月16日,加工车间领用电动机Ⅱ毛坯件100件,计划单位成本1 100.00元。

凭54-1

领 料 单

领料单位：加工车间　　　　　　　　　　　　　　　　编号：
用途：　　　　　　　20×1年12月16日　　　　　　　仓库：

材料编号	材料名称	规格	计量单位	数量 请领	数量 实发	价格 单价/元	价格 金额/元
	电动机Ⅱ毛坯件		件	100	100	1 100.00	110 000.00
合计				100	100		110 000.00

记账：王珍　　　　　　领料：李云涛　　　　　　发料：洪耀

(55) 12月16日,机修车间使用润滑油30千克,计划单位成本60.00元。

凭55-1

领 料 单

领料单位:机修车间　　　　　　　　　　　　　　　　　　　编号:
用途:　　　　　　　　　　20×1年12月16日　　　　　　　　仓库:

材料编号	材料名称	规格	计量单位	数量		价 格	
				请领	实发	单价/元	金额/元
	润滑油		千克	30	30	60.00	1 800.00
合计				30	30		1 800.00

记账:王珍　　　　　　　发料:陆雨　　　　　　　领料:张成

---

(56) 12月17日,接受通商贸易公司捐赠设备一台,价款35 000.00元,增值税款4 550.00元。

凭56-1

湖北增值税专用发票

4200053680　　　　　　　　　　　　　　　　　　　NO:00335903

开票日期:20×1年12月17日

购货单位	名　　　称:	江城市南方股份有限公司				密码区		
	纳税人识别号:	420102621123456						
	地　址、电　话:	江城市江夏大街1号 027-23456789						
	开户行及账号:	建行 123456						

货物或应税劳务名称	规格型号	单位	数量	单价	金额	税率	税额
清洗机		台	1	35 000.00	35 000.00	13%	4 550.00
合计					35 000.00		4 550.00
价税合计(大写)	⊗叁万玖仟伍佰伍拾元整				(小写)¥39 550.00		

销货单位	名　　　称:	通商贸易公司	备注
	纳税人识别号:	77889 54321	
	地　址、电　话:	江城市晴川路77号	
	开户行及账号:	工行 112233	

收款人:　　　　　　复核:　　　　　　开票人:梁爽　　　　　销货单位:(章)

凭 56-2

湖北增值税专用发票

4200053680　　　　　　　　　　　　　　NO:00335903

开票日期：20×1年12月17日

购货单位	名　　　称：江城市南方股份有限公司	密码区	
	纳税人识别号：420102621123456		
	地　址、电　话：江城市江夏大街1号 027-23456789		
	开户行及账号：建行 123456		

货物或应税劳务名称	规格型号	单位	数量	单价	金额	税率	税额
清洗机		台	1	35 000.00	35 000.00	13%	4 550.00
合计					35 000.00		4 550.00

价税合计（大写）：⊗叁万玖仟伍佰伍拾元整　　（小写）¥39 550.00

销货单位	名　　　称：通商贸易公司	备注	
	纳税人识别号：77889954321		
	地　址、电　话：江城市晴川路77号		
	开户行及账号：工行 112233		

收款人：　　　复核：　　　开票人：梁爽　　　销货单位：（章）

凭 56-3

收　据

今收到：通商贸易公司

交来：清洗机 1台

金额：¥35 000.00

接收人：江城市南方股份有限公司

20×1年12月17日

单位盖章：　　　负责人：　　　经手人：

凭56-4

固定资产验收单
20×1年12月17日

固定资产名称	型号	制造厂	出厂日期	原 值/元					
				买价	运杂费	安装费	其他	合计
清洗机	A07			35 000.00				35 000.00
预计产值	预计清理费用	预计使用年限	年折旧额	年折旧率		月折旧率	备注	
		5					接受捐赠	
厂长		主管部门		使用部门		财会部门		
		科长	经办	主任	使用人	科长	会计	
		陈实	李江	张志	加工车间	方杰	王珍	

(57) 12月17日,接富华机械有限公司通知,该公司出现财务困难致使短期内不能支付货款,经双方协议,该公司以其生产的2辆小汽车偿还债务,评估价为200 000.00元。

凭57-1

湖北增值税专用发票

4200063784

NO:00345213

开票日期:20×1年12月17日

购货单位	名　　称:江城市南方股份有限公司	密码区
	纳税人识别号:420102621123456	
	地　址、电　话:江城市江夏大街1号 027-23456789	
	开户行及账号:建行 123456	

货物或应税劳务名称	规格型号	单位	数量	单价	金额	税率	税额
小汽车		台	2	100 000.00	200 000.00	13%	26 000.00
合计					200 000.00		26 000.00
价税合计(大写)	⊗贰拾贰万陆仟元整				(小写)¥226 000.00		

销货单位	名　　称:富华机械有限公司
	纳税人识别号:123456987
	地　址、电　话:江城市南京路3号
	开户行及账号:建行 447715

收款人:　　　　复核:　　　　开票人:方思明　　销货单位:(章)

第二联 抵扣联 购货方扣税凭证

凭57-2

湖北增值税专用发票

4200063784　　　　　　　　　　　　　　　NO:00345213

开票日期：20×1年12月17日

购货单位	名　　称：江城市南方股份有限公司 纳税人识别号：420102621123456 地　址、电　话：江城市江夏大街1号　　　　　　　　　027-23456789 开户行及账号：建行 123456	密码区	

货物或应税劳务名称	规格型号	单位	数量	单价	金额	税率	税额
小汽车		台	2	100 000.00	200 000.00	13%	26 000.00
合计					200 000.00		26 000.00

价税合计（大写）：⊗贰拾贰万陆仟元整　　　　　　　（小写）¥226 000.00

销货单位	名　　称：富华机械有限公司 纳税人识别号：123456987 地　址、电　话：江城市南京路3号 开户行及账号：建行 447715	备注 123456987 发票专用章

收款人：　　　　复核：　　　　开票人：方思明　　　销货单位：（章）

凭57-3

债务重组协议

甲方：江城市南方股份有限公司

乙方：富华机械有限公司

因乙方出现财务困难致使短期内不能支付欠甲方的货款250 000元，经协商，同意乙方以以其生产的2辆小汽车偿还债务，评估价为200 000.00元。

　　　　　　　　　　　　　　　　　　　甲方（盖章）：
　　　　　　　　　　　　　　　　　　　法定代表人：张庆
　　　　　　　　　　　　　　　　　　　乙方（盖章）：
　　　　　　　　　　　　　　　　　　　法定代表人：王雷
　　　　　　　　　　　　　　　　　　　20×1年12月17日

凭 57-4

固定资产验收单
20×1年12月17日

固定资产名称	型号	制造厂	数量	原 值/元				
				买价	运杂费	安装费	其他	合计
小汽车	马自达	富华机械有限公司	2	200 000.00				200 000.00
预计产值	预计清理费用	预计使用年限	年折旧额	年折旧率		月折旧率	备注	
		5					债务重组所得	
厂长		主管部门		使用部门		财会部门		
		科长	经办	主任	使用人	科长	会计	
				王峰	厂办	方杰	王珍	

(58) 12月18日，本月11日从通山煤矿购买的煤验收入库，计划单位成本160.00元。

凭 58-1

材料验收入库单

验收日期 20×1年12月18日

品名	规格	单位	数量		实际价格				计划价格	
			来料数	实际数	单价	总价	运杂费	合计	单价	总价
煤		吨	200	200		34 565.48		34 565.48	160.00	32 000.00
合计			200	200				34 565.48		32 000.00

供销主管：吴猛　　验收保管：黄东　　采购：刘静　　制单：田园

(59) 12月18日,从华生金属公司购入电器元件200套,价款400 000.00元,税款52 000.00元,货已入库,款项尚未支付,计划单位成本1860.00元。

凭59-1

湖北增值税专用发票

4200033656

NO:00535607

开票日期:20×1年12月18日

购货单位	名　　称:江城市南方股份有限公司 纳税人识别号:420102621123456 地　址、电　话:江城市江夏大街1号 　　　　　　　027-23456789 开户行及账号:建行 123456	密码区					
货物或应税劳务名称	规格型号	单位	数量	单价	金额	税率	税额
电器元件		套	200	2 000.00	400 000.00	13%	52 000.00
合计					400 000.00		52 000.00
价税合计(大写)	⊗肆拾伍万贰仟元整				(小写)¥452 000.00		
销货单位	名　　称:华生金属公司 纳税人识别号:310525442188 地　址、电　话:鄂州市东山路41号 开户行及账号:工行 772659	备注					

收款人:　　　复核:　　　开票人:林晓　　　销货单位:(章)

凭 59-2

湖北增值税专用发票

4200033656　　　　　　　　　　　　　　NO:00535607

　　　　　　　　　　　　　　　　　　　开票日期：20×1年12月18日

购货单位	名　　称：江城市南方股份有限公司 纳税人识别号：420102621123456 地　址、电　话：江城市江夏大街1号 　　　　　　　027-23456789 开户行及账号：建行 123456	密码区	

货物或应税劳务名称	规格型号	单位	数量	单价	金额	税率	税额
电器元件		套	200	2 000.00	400 000.00	13%	52 000.00
合计					400 000.00		52 000.00

价税合计（大写）　⊗肆拾伍万贰仟元整　　　　　　　　（小写）¥452 000.00

销货单位	名　　称：华生金属公司 纳税人识别号：310525442188 地　址、电　话：鄂州市东山路41号 开户行及账号：工行 772659	备注	

收款人：　　　　复核：　　　　开票人：林晓　　　　销货单位：（章）

凭 59-3

材料验收入库单

验收日期：20×1年12月18日

品名	规格	单位	数量		实际价格				计划价格	
			来料数	实际数	单价	总价	运杂费	合计	单价	总价
电器元件		套	200	200	2 000.00	400 000.00		400 000.00	1 860.00	372 000.00
合计			200	200				400 000.00		372 000.00

供销主管：吴猛　　　验收保管：黄东　　　采购：刘静　　　制单：田园

(60) 12月18日，本月9日开具的银行承兑汇票到期，承兑银行转来付款通知。

凭60-1

托收凭证（付款通知）

委托日期：20×1年12月18日　　付款期限 20×1年12月18日

业务类型	委托收款（□邮划、□电划）			托收承付（□邮划、□电划）			
收款人	全称	武汉钢铁公司	付款人	全称	江城市南方股份有限公司		
	账号	166532		账号	123456		
	地址	武汉市	开户行	工行青山办	地址	江城市	开户行	建设银行江夏办
金额	人民币（大写）叁万陆仟柒佰贰拾伍元整			亿 千 百 十 万 千 百 十 元 角 分 ¥　　　　　　3 6 7 2 5 0 0			
款项内容	货款	托收凭证名称	银行承兑汇票	附寄单证张数	1		
商品发运情况				合同名称号码			

备注：
付款人开户银行收到日期：

年　月　日

复核　　记账

付款人开户银行签章
建设银行江夏办
20×1年12月18日
业务清讫
年　月　日
（12）

付款人注意：
1.根据支付结算方法，上列委托收款（托收承付）在付款期内未提出拒付，即视为同意付款，以此代付款通知。
2.如需提出全部或部分拒付，应在规定期限内，将拒付理由书并附证明退交开户银行。

此联是付款人开户银行给付款人按期付款的通知

---

(61) 12月19日，归还流动资金借款2 000 000.00元，该项借款系2021年1月19日向工商银行借入，今日到期。利息已经于还款日结清，利息为105 477.27元。

凭61-1

中国工商银行流动资金贷款还款凭证

单位编码：　　　　20×1年12月19日　　原借款凭证银行编号：

付款人	全称	江城市南方股份有限公司	收款人	全称	工商银行江夏办事处
	账号	456789		账号	
	开户银行	工商银行		开户银行	工商银行江城支行
计划还款日期		20×1年12月19日			
借款金额	人民币（大写）贰佰万元整		千 百 十 万 千 百 十 元 角 分 ¥　2 0 0 0 0 0 0 0 0		
还款内容	归还流动资金借款				
备注：	上述借款本金已从你单位工行放款账户内偿还 20×1.借款单位： 转讫　银行盖章　20×1年12月19日 （1）				

工商银行江夏办
20×1.12.19
转讫
（1）

凭61-2

中国工商银行计收利息清单（付款通知）
账号：　　　　　20×1年12月19日

单位名称	江城市南方股份有限公司	结算户　工行	放款户　工行
计息起止日期	20×1年1月19日—20×1年12月19日	456789	456789
贷款户账户	本金	利率	利息
456789	2 000 000.00	5.75%	105 477.27
你单位上述应偿借款利息已从你单位工行放款账户划出 银行盖章	工商银行江夏办 20×1.12.19 转讫 （1）	复核： 记账：	

（62）12月19日，向红十字会捐款20 000.00元。

凭62-1

红十字会统一收据
20×1年12月19日

交款单位（人）：江城市南方股份有限公司								第一联付款单位记账联
交款事由：捐赠	金　额							
某地发生地震	十	万	千	百	十	元	角	分
	¥	2	0	0	0	0	0	0
合计人民币（大写）贰万元整								
收款单位：江城市红十字会								
财务主管：　　　　　会计：　　　　　收款人：田梅梅　　　经手人：郭涛								

凭 62-2

| 中国建设银行现金支票存根 | 中国建设银行　现金支票　10404312　00256435 |

中国建设银行
现金支票存根
10404312
00256435

附加信息

出票日期 20×1年12月19日
收款人：红十字会
金　额：20 000.00
用　途：捐款
单位主管 方杰　会计 王珍

中国建设银行　现金支票　　10404312
　　　　　　　　　　　　　00256435
出票日期（大写）　　　　　付款行名称：
收款人：红十字会　　　　　出票人账号：

人民币（大写）　贰万元整　　　　￥20000.00

用途　捐款
上列款项请从
我账户内支付　　密码_____

出票人签章　　　复核　　　记账

（63）12月20日，以现金56.50元购买办公用品，增值税专用发票列明价款50.00元，增值税款6.50元。

凭 63-1

湖北增值税专用发票

4200075691　　　　　　　　　　　NO:00435203

开票日期：20×1年12月20日

| 购货单位 | 名　　称：江城市南方股份有限公司
纳税人识别号：420102621123456
地　址、电　话：江城市江夏大街1号　027-23456789
开户行及账号：建行 123456 | 密码区 | |

货物或应税劳务名称	规格型号	单位	数量	单价	金额	税率	税额
办公用品		件			50.00	13%	6.50
合计					50.00		6.50
价税合计（大写）　⊗伍拾陆元伍角					（小写）￥56.50		

| 销货单位 | 名　　称：中百仓储超市
纳税人识别号：54544896123
地　址、电　话：江城市藏龙大道3号
开户行及账号：建行 665887 | 备注 | |

收款人：　　复核：　　开票人：杨平　　销货单位：（章）

凭 63-2

湖北增值税专用发票

4200075691　　　　　　　　　　　　　　NO:00435203

开票日期：20×1年12月20日

购货单位	名　　　　称：江城市南方股份有限公司 纳税人识别号：420102621123456 地　址、电　话：江城市江夏大街1号 　　　　　　　027-23456789 开户行及账号：建行123456	密码区	

货物或应税劳务名称	规格型号	单位	数量	单价	金额	税率	税额
办公用品		件			50.00	13%	6.50
合计					50.00		6.50

价税合计（大写）	⊗伍拾陆元伍角	（小写）¥56.50

销货单位	名　　　　称：中百仓储超市 纳税人识别号：54544896123 地　址、电　话：江城市藏龙大道3号 开户行及账号：建行665887	备注	

收款人：　　　复核：　　　开票人：杨平　　　销货单位：（章）

凭 63-3

江城市南方股份有限公司费用报销单

20×1年12月20日

姓　名	摘　要	车费金额	其他费用金额
	购买办公用品		56.50
	现金付讫		

部门：财务科　　　审核：　　　制单：　　　收款：

(64) 12月20日,签发转账支票支付开达叶轮厂货款 45 200.00 元,叶轮在途。

凭64-1(要求自制)

凭64-2

湖北增值税专用发票

4200074589　　　　　　　　　　　　　　　　NO:00564851

开票日期：20×1年12月20日

购货单位	名　　称：江城市南方股份有限公司 纳税人识别号：420102621123456 地　址、电　话：江城市江夏大街1号 027-23456789 开户行及账号：建行123456	密码区					
货物或应税劳务名称	规格型号	单位	数量	单价	金额	税率	税额
叶轮		件	100	400.00	40 000.00	13%	5 200.00
合计					40 000.00		5 200.00
价税合计(大写)	⊗肆万伍仟贰佰元整				(小写)¥45 200.00		
销货单位	名　　称：开达叶轮厂 纳税人识别号：489523169 地　址、电　话：江城市黄龙大道3号 开户行及账号：工行666888	备注					

收款人：　　　　复核：　　　　开票人：徐娇　　　　销货单位：(章)

凭 64-3

湖北增值税专用发票

4200074589　　　　　　　　　　　　　　　　NO:00564851

开票日期：20×1年12月20日

购货单位	名　　称：江城市南方股份有限公司 纳税人识别号：4201026211123456 地址、电话：江城市江夏大街1号 　　　　　　027-23456789 开户行及账号：建行123456	密码区	

货物或应税劳务名称	规格型号	单位	数量	单价	金额	税率	税额
叶轮		件	100	400.00	40 000.00	13%	5 200.00
合计					40 000.00		5 200.00

价税合计（大写）：⊗肆万伍仟贰佰元整　　　　　　（小写）¥45 200.00

销货单位	名　　称：开达叶轮厂 纳税人识别号：489523169 地址、电话：江城市黄龙大道3号 开户行及账号：工行666888	备注	

收款人：　　　　复核：　　　　开票人：徐娇　　　销货单位：（章）

（65）12月21日，从技术市场购入A专利技术，双方协定结算价格为38 000.00元，签发转账支票支付。

凭 65-1

中国建设银行
转账支票存根
00046447

附加信息

出票日期20×1年12月21日

收款人：
金　额：38 000.00
用　途：购买专利技术
单位主管 方杰 会计 王珍

(66) 12月21日,厂办领用电器元件25套,计划单位成本1860.00元。

凭66-1

领 料 单

领料单位:厂办 编号:
用途: 20×1年12月21日 仓库:

材料编号	材料名称	规格	计量单位	数量		价 格	
				请领	实发	单价/元	金额/元
	电器元件		套	25	25	1 860.00	46 500.00
合计				25	25		46 500.00

记账: 王珍 发料: 李理 领料: 杨帆

(67) 12月22日,购入低值易耗品刀具5把,计划单位成本60.00元;购入钢板20吨,计划单位成本5 030.00元,货已验收入库,款项通过银行转账支付。

凭67-1

湖北增值税专用发票

4200093874 NO:00432603
开票日期:20×1年12月22日

购货单位	名 称:江城市南方股份有限公司						密码区		
	纳税人识别号:420102621123456								
	地 址、电 话:江城市江夏大街1号 027-23456789								
	开户行及账号:建行 123456								

货物或应税劳务名称	规格型号	单位	数量	单价	金额	税率	税额
刀具		把	5	60.00	300.00	13%	39.00
钢板		吨	20	5 000.00	100 000.00	13%	13 039.00
合计					100 300.00		16 048.00
价税合计(大写)	⊗壹拾壹万叁仟叁佰叁拾玖元整				(小写)¥113 339.00		

销货单位	名 称:江城市科瑞有限公司	备注
	纳税人识别号:78965418523	
	地 址、电 话:江城市后湖大道133号	
	开户行及账号:建行 336533	

收款人: 复核: 开票人: 赵帅 销货单位:(章)

凭 67-2

湖北增值税专用发票

4200093874　　　　　　　　　　　　　　　　NO:00432603

开票日期：20×1年12月22日

购货单位	名　称：江城市南方股份有限公司 纳税人识别号：420102621123456 地址、电话：江城市江夏大街1号 　　　　　　027-23456789 开户行及账号：建行123456	密码区				

货物或应税劳务名称	规格型号	单位	数量	单价	金额	税率	税额
刃具		把	5	60.00	300.00	13%	39.00
钢板		吨	20	5 000.00	100 000.00	13%	13 000.00
合计					100 300.00		13 039.00
价税合计（大写）	⊗壹拾壹万叁仟叁佰叁拾玖元整				（小写）¥113 339.00		

销货单位	名　称：江城市科瑞有限公司 纳税人识别号：78965418523 地址、电话：江城市后湖大道133号 开户行及账号：建行336533	备注

收款人：　　　复核：　　　开票人：赵帅　　　销货单位：（章）

凭 67-3

××铁路局货物运费杂费收据

付款单位或姓名：　　　　　　20×1年12月22日　　　　　　No：062447

原运输票据	20×1年12月22日第33号			办理种别	
发　站				到　站	
车种车号				标　准	
货物名称	件　数		包　装	重　量	计费重量
刃具	5				把
钢板	20				吨
类　别	费　率		数　量	金　额	附　记
材　料				2 050.00	刃具分配 50.00 钢板分配 2 000.00
过秤费					
合计金额（大写）	贰仟零伍拾元整				

收款单位：　　　　　　经办人：

凭 67-4

材料验收入库单

验收日期：20×1年12月22日

品名	规格	单位	数量		实际价格				计划价格	
			来料数	实际数	单价	总价	运杂费	合计	单价	总价
刃具		把	5	5	60.00	300.00	50.00	350.00	60.00	300.00
钢板		吨	20	20	5 000.00	100 000.00	2 000.00	102 000.00	5 030.00	100 600.00
合计						100 300.00	2 050.00	102 350.00		100 900.00

供销主管：吴猛　　验收保管：黄东　　采购：吴天　　制单：田园

(68) 12月22日，签发转账支票一张，金额为11 000.00元，预付20×2年第一季度财产保险费5 000.00元和机动车辆保险费6 000.00元，收到保险公司保单和结算凭证。

凭 68-1

中国建设银行
转账支票存根
00046448

附加信息

出票日期20×1年12月22日

收款人：	江城保险公司
金　额：	11 000.00
用　途：	保险费

单位主管 方杰　会计 王珍

凭 68-2

保险业专用发票

INSURANCE TRADE INVOICE　　发票代码：2210405055778
　　　　发票联　　　　　　　　　　发票号码：0007755
　　　　INVOICE　　　　　　　　　开票日期：20×1 年 12 月 22 日
　　　　　　　　　　　　　　　　　　　　　Date of Issue

付款人：江城市南方股份有限公司		第
Payee: _____ 承保险种：财产保险 Coverage_____ 保险单号：ASHY666CTP2010B00068F Policy No:_____ 保险费金额（大写）：人民币伍仟元整 Premiun Amount (In words) 附注： Remarks_____	批单号：Cj7738 End No:_____ （小写）5 000.00 (In Figures)_____	二 联 报 销 凭 证

经手人：张强　　　　　复核：李国强　　　　保险公司签章：
Handler　　　　　　　Checked by　　　　　Stamped by Insurance Company
地址：关园路 79 号　　电话：　　　　　　　（手开无效）
Add　　　　　　　　　Tel　　　　　　　　　(Not Valid If Hand Written)

凭 68-3

保险业专用发票

INSURANCE TRADE INVOICE　　发票代码：2210405055778
　　　　发票联　　　　　　　　　　发票号码：0007756
　　　　INVOICE　　　　　　　　　开票日期：20×1 年 12 月 22 日
　　　　　　　　　　　　　　　　　　　　　Date of Issue

付款人：江城市南方股份有限公司		第
Payee: _____ 承保险种：机动车辆保险 Coverage_____ 保险单号：ASHY666CTP2010B00068F Policy No:_____ 保险费金额（大写）：人民币陆仟元整 Premiun Amount (In words) 附注： Remarks_____	批单号：Cj7738 End No:_____ （小写）6 000.00 (In Figures)_____	二 联 报 销 凭 证

经手人：张强　　　　　复核：李国强　　　　保险公司签章：
Handler　　　　　　　Checked by　　　　　Stamped by Insurance Company
地址：关园路 79 号　　电话：　　　　　　　（手开无效）
Add　　　　　　　　　Tel　　　　　　　　　(Not Valid If Hand Written)

(69) 12月22日，收到银行通知，支付银行手续费190.00元。

凭69-1

中国建设银行收费清单（付款通知）

账号：　　　　　　　　　　20×1年12月22日

单位名称	江城市南方股份有限公司	账户	123456
收费项目	手续费用	金额	190.00
你单位上述应偿借款利息已从你单位结算账户划出 银行盖章	中国建设银行江夏办 20×1.12.22 转讫 (2)	复核：记账：	

(70) 12月23日，加工车间领用刀具2把，计划单位成本60.00元。

凭70-1

领 料 单

领料单位：加工车间　　　　　　　　　　　　　　　　编号：
用途：　　　　　　20×1年12月23日　　　　　　　仓库：

材料编号	材料名称	规格	计量单位	数量		价格	
				请领	实发	单价/元	金额/元
	刀具		把	2	2	60.00	120.00
合计				2	2		120.00

记账：王珍　　　　　　发料：李理　　　　　　领料：郑燕

(71) 12月23日，签发转账支票，支付20×2年报纸杂志费用4 000.00元。

凭71-1

中国建设银行
转账支票存根
00046449

附加信息

出票日期 20×1年12月23日

| 收款人：江城市邮政局 |
| 金　　额：4 000.00 |
| 用　　途：报纸杂志费 |

单位主管 方杰　会计 王珍

凭71-2

江城市邮政管理局报刊费收据　　No.064378

户名：江城市南方股份有限公司　　（自费/公费订阅✓）

地址：江城市江夏大街1号

报刊代号——名称	起止订期	订阅份数	单价	共计款项
《江城都市报》	20×2.1.1—20×2.12.31	10	400.00	4 000.00

备注：		
订户注意	① 请核对填写的内容是否正确。 ② 本收据款项如有涂改或未加盖日戳和收费人员签章则无效。 ③ 如有查询等事项请交验收据。	收费人员 23局马敏敏	江夏大街邮政支局报刊费 收据专用章 03112

(72) 12月24日,收到华兴水利电力公司预付的货款60 000.00元。

凭72-1

中国建设银行　进账单（收账通知）

20×1年12月24日

出票人	全称	华兴水利电力公司	收款人	全称	江城市南方股份有限公司
	账号	963541		账号	123456
	开户银行	重庆市工商银行桥东办事处		开户银行	江城市建设银行江夏办事处
金额	人民币（大写）陆万元整		亿 千 百 十 万 千 百 十 元 角 分 ¥ 6 0 0 0 0 0 0		
票据种类	转账支票	票据张数	1	中国建设银行江夏办 20×1.12.24 转讫 (1)	
票据号码		009876			
复核		记账		收款人开户银行签章	

此联是收款人开户银行交给收款人的收账通知

(73) 12月25日,签发转账支票支付广告费,价税合计112 360.00元,收到江城广告公司开具的增值税专用发票。

凭73-1

```
中国建设银行
转账支票存根
00046450

附加信息
_____
_____
_____

出票日期20×1年12月25日
收款人：江城广告公司
金  额：112 360.00
用  途：广告费
单位主管 方杰 会计 王珍
```

凭 73-2

湖北增值税专用发票

4200013645　　　　　　　　　　　　　　　　NO:00835201

开票日期：20×1年12月25日

购货单位	名　　　称：江城市南方股份有限公司 纳税人识别号：420102621123456 地　址、电　话：江城市江夏大街1号　027-23456789 开户行及账号：建行 123456	密码区				
货物或应税劳务名称	规格型号	单位	数量	单价	金额	税率	税额
广告服务					106 000.00	6%	6 360.00
合计					106 000.00		6 360.00
价税合计（大写）	⊗拾壹万贰仟叁佰陆拾元整				（小写）¥112 360.00		
销货单位	名　　　称：江城广告公司 纳税人识别号：42555556631313 地　址、电　话：江城市中山路3号 开户行及账号：工行 121314						

收款人：　　　复核：　　　开票人：高露　　　销货单位：（章）

第二联　抵扣联　购货方扣税凭证

凭 73-3

湖北增值税专用发票

4200013645　　　　　　　　　　　　　　　　NO:00835201

开票日期：20×1年12月25日

购货单位	名　　　称：江城市南方股份有限公司 纳税人识别号：420102621123456 地　址、电　话：江城市江夏大街1号　027-23456789 开户行及账号：建行 123456	密码区				
货物或应税劳务名称	规格型号	单位	数量	单价	金额	税率	税额
广告服务					106 000.00	6%	6 360.00
合计					106 000.00		6 360.00
价税合计（大写）	⊗拾壹万贰仟叁佰陆拾元整				（小写）¥112 360.00		
销货单位	名　　　称：江城广告公司 纳税人识别号：42555556631313 地　址、电　话：江城市中山路3号 开户行及账号：工行 121314						

收款人：　　　复核：　　　开票人：高露　　　销货单位：（章）

第三联　发票联　购货方记账凭证

(74) 12月25日，销售给南湖机床厂电动机Ⅰ50台，单价6000.00元；电动机Ⅱ60台，单价5000.00元。货款尚未收到，已委托银行办理托收手续。

凭74-1

湖北增值税专用发票

4200083549　　　　　　　　　　　　　　　　NO:00235218

开票日期：20×1年12月25日

购货单位：
- 名　　称：南湖机床厂
- 纳税人识别号：4358222233
- 地址、电话：江城市南湖大道98号　027-8349521
- 开户行及账号：建行 773884

密码区

货物或应税劳务名称	规格型号	单位	数量	单价	金额	税率	税额
电动机Ⅰ		件	50	6 000.00	300 000.00	13%	39 000.00
电动机Ⅱ		件	60	5 000.00	300 000.00	13%	39 000.00
合计					600 000.00		78 000.00

价税合计（大写）：⊗陆拾柒万捌仟元整　　（小写）¥678 000.00

销货单位：
- 名　　称：江城市南方股份有限公司
- 纳税人识别号：420102621123456
- 地址、电话：江城市江夏大街1号
- 开户行及账号：建行 123456

备注：（江城市南方股份有限公司 420102621123456 发票专用章）

收款人：　　复核：　　开票人：王珍　　销货单位：（章）

第一联 记账联 销货方记账凭证

凭74-2

产品出库单

购货单位：　　　　　20×1年12月4日　　　　　编号

编号	名称及规格	单位	数量	单位成本	总成本	备注
	电动机Ⅰ	件	50			
	电动机Ⅱ	件	60			
	合计		110			

仓库主管：张一山　　保管：王伟　　经发：汪俊　　制单：李涵

凭 74-3

托收凭证（回单）

委托日期：20×1年12月25日　　付款期限　年　月　日

业务类型	委托收款（□邮划、□电划）		托收承付（□邮划、□电划）	
付款人 全称	南湖机床厂	收款人 全称	江城市南方股份有限公司	
账号	773884	账号	123456	
地址	江城市　开户行　建设银行南湖办	地址	江城市　开户行　建设银行江夏办	

金额：人民币（大写）陆拾柒万捌仟元整　　￥678000.00

款项内容：货款　　托收凭证名称　　附寄单证张数：3

商品发运情况　　合同名称号码：购销合同15-361

备注：验单付款

收款人开户银行签章：中国建设银行江夏办 业务专用章 20×1.12.25

复核　记账　年　月　日

此联作收款人开户银行给收款人的受理回单

---

(75) 12月26日，产成品完工入库。

凭 75-1

入 库 单

入库部门：产成品仓库　　20×1年12月26日　　编号：

编号	名称及规格	单位	数量	单位成本	总成本	备注
	电动机Ⅰ	件	300			
	电动机Ⅱ	件	350			
	合　计		650			

仓库主管：李军　　保管：田建军　　经发：张杰　　制单：杜宇

第三联　财务记账

(76) 12月26日,从开达叶轮厂购买的100件叶轮验收入库,计划单位成本350.00元。

凭76-1

材料验收入库单

验收日期:20×1年12月26日

品名	规格	单位	数量		实际价格				计划价格	
			来料数	实际数	单价	总价	运杂费	合计	单价	总价
叶轮		件	100	100	400.00	40 000.00		40 000.00	350.00	35 000.00
合计			100	100				40 000.00		35 000.00

供销主管:吴猛　　验收保管:黄东　　采购:马静　　制单:田园

(77) 12月27日,开出转账支票购入办公用计算机10台,专用发票列明价款40 000.00元,增值税5 200.00元,共计45 200.00元,已交付使用。

凭77-1

中国建设银行
转账支票存根
00046451

附加信息

出票日期 20×1年12月27日

收款人:江城联想公司
金　额:45 200.00
用　途:购买计算机
单位主管 方杰　会计 王珍

凭 77-2

湖北增值税专用发票

4200055666　　　　　　　　　　　　　NO:00235203

开票日期：20×1 年 12 月 27 日

购货单位	名　　称：江城市南方股份有限公司 纳税人识别号：420102621123456 地　址、电　话：江城市江夏大街 1 号　　027-23456789 开户行及账号：建行 123456	密码区					
货物或应税劳务名称	规格型号	单位	数量	单价	金额	税率	税额
计算机		台	10	4 000.00	40 000.00	13%	5 200.00
合计					40 000.00		5 200.00
价税合计（大写）	⊗肆万伍仟贰佰元整				（小写）¥45 200.00		
销货单位	名　　称：江城联想公司 纳税人识别号：421231232525252 地　址、电　话：江城市创业街 32 号 开户行及账号：工行 888889	备注					

收款人：　　　复核：　　　开票人：孙聪　　　销货单位：（章）

第二联　抵扣联　购货方扣税凭证

凭 77-3

湖北增值税专用发票

4200055666　　　　　　　　　　　　　NO:00235203

开票日期：20×1 年 12 月 27 日

购货单位	名　　称：江城市南方股份有限公司 纳税人识别号：420102621123456 地　址、电　话：江城市江夏大街 1 号　　027-23456789 开户行及账号：建行 123456	密码区					
货物或应税劳务名称	规格型号	单位	数量	单价	金额	税率	税额
计算机		台	10	4 000.00	40 000.00	13%	5 200.00
合计					40 000.00		5 200.00
价税合计（大写）	⊗肆万伍仟贰佰元整				（小写）¥45 200.00		
销货单位	名　　称：江城联想公司 纳税人识别号：421231232525252 地　址、电　话：江城市创业街 32 号 开户行及账号：工行 888889	备注					

收款人：　　　复核：　　　开票人：孙聪　　　销货单位：（章）

第三联　发票联　购货方记账凭证

凭77-4

固定资产移交生产验收单

保管使用部门：管理部门　　　　　　20×1年12月27日

固定资产编号	固定资产名称	规格型号	计量单位	数量	原值	预计使用年限	制造厂商或施工方式
	计算机		台	10	40 000.00	5年	联想集团
固定资产管理部门意见			财会部门验收意见		使用保管验收签章		

固定资产管理部门负责人：李云林　　　　项目负责人：　　　　　　制单：高飞

(78) 12月28日，摊销A专利技术的价值1 500.00元。

凭78-1

无形资产摊销表

原　　价	摊销时间	摊销金额
38 000.00	20×1.12	1 500.00

(79) 12月29日，根据设备管理科提供的"固定资产折旧汇总表"计算本月折旧200 180.00元。其中：铸造车间20 500.00元，加工车间45 000.00元，装配车间52 000.00元，机修车间18 500.00元，行政管理部门64 180.00元。

凭79-1

固定资产折旧计算表

20×1年12月29日

使用部门	固定资产项目	月初应计提折旧的固定资产原价	本月折旧额	分配费用
铸造车间	厂房	825 930.00	20 500.00	制造费用
	机器设备	2 308 240.00		
	小计	3 134 170.00		
加工车间	厂房	931 450.00	45 000.00	
	机器设备	5 486 520.00		
	小计	6 417 970.00		
装配车间	厂房	746 670.00	52 000.00	
	机器设备	6 280 980.00		
	小计	7 027 650.00		
机修车间	厂房	1 200 000.00	18 500.00	
	机器设备	2 053 090.00		
	小计	3 253 090.00		
行政管理部门	房屋建筑物	9 660 800.00	64 180.00	管理费用
	运输工具	1 000 600.00		
	小计	10 661 400.00		
合计		30 494 280.00	200 180.00	

(80) 12月30日，电动机Ⅰ毛坯件320件、电动机Ⅱ毛坯件150件验收入库，计划单位成本分别为1200.00元和1100.00元。

凭80-1

毛坯件入库单

入库部门：　　　　　　　　　　20×1年12月30日

编号	名称及规格	单位	数量	单位成本	总成本	备注
	电动机Ⅰ毛坯件	件	320	1 200.00	384 000.00	
	电动机Ⅱ毛坯件	件	150	1 100.00	165 000.00	
合计			470		549 000.00	

第三联　财务记账

仓库主管：汪建军　　保管：张虎　　经发：李文　　制单：邓硕

(81) 12月31日，计提应由本月税金及附加负担的房产税 4 500.00 元，土地使用税 4 200.00 元。

凭81-1

房产税纳税申报表

税款所属时期：20×1年12月1日至20×1年12月31日　　　　　　计算单位：元、平方米

纳税人名称	江城市南方股份有限公司	纳税编码		身份证号码（个人）			电话		
		房产所属税务机关	江夏地税	组织机构代码（单位）		420102621123456			
房产登记编号	房产地址	租金收入	适用税率	房产原值	计税余值	适用税率	年应缴纳税额	本期应缴税额	本期减免税额	本期实缴税额
008	江城市江夏区							4 500.00		
合　计								4 500.00		

受理税务机关（章）：　　　　　　　受理人录入日期：　　　　　　　受理录入人：

凭81-2

城镇土地使用税纳税申报表

纳税人识别号 | 4 | 2 | 0 | 1 | 0 | 2 | 6 | 2 | 1 | 1 | 2 | 3 | 4 | 5 | 6 |

纳税人名称：（公章）

税款所属期限：20×1年12月1日至20×1年12月31日

填表日期：20×1年12月31日　　　　　　　　　　　　金额单位：元（列至角分）

土地等级	应税面积	单位税额	全年应纳税额	缴纳次数	本期应纳税额	本期已缴税额	本期应补（退）税额
(1)	(2)	(3)	(4)	(5)	(6)	(7)	(8)=(7)-(6)
					4 200.00		
合　计		—			4 200.00		

纳税人或代理人声明：此纳税申报表是根据国家税收法律的规定填报的，我确信它是真实的、可靠的、完整的。	如纳税人申报，由纳税人填写以下各栏				
	经办人（签章）	王珍	会计主管（签章）	方杰	法定代表人（签章） 张庆
	如委托代理人填报，由纳税人填写以下各栏				
	代理人名称				
	经办人（签章）		代理人（公章）		
	联系电话				

(82) 12月31日,根据材料采购明细账和材料成本差异明细账提供的有关资料,计算本月原材料成本差异率和低值易耗品成本差异率。

凭82-1

材料成本差异计算表

类别	月初结存		本月收入		合　　计		成本差异率
	计划成本	成本差异	计划成本	成本差异	计划成本	成本差异	
原材料	350 000.00	5 900.00	680 650.00	34 151.48	1 030 650.00	40 051.48	3.89%
低值易耗品	260 000.00	5 000.00	300.00	50.00	260 300.00	5 050.00	1.94%
合计							

(83) 12月31日,根据有关"领料单"编制"原材料耗用汇总表"、"低值易耗品耗用汇总表",并予以结转和摊销。

凭83-1(要求自制)

原材料耗用汇总表

20×1年12月31日　　　　　　　　　　　　　　　　　单位:元

部门＼类别	计划成本					差异额	实际成本
	原材料	辅助材料	外购件	燃料	合计		
铸造车间							
加工车间							
装配车间							
机修车间							
销售部门							
管理部门							
合计							

会计主管:　　　　　　　复核: 王珍　　　　制表: 李想

凭 83-2（要求自制）

低值易耗品耗用汇总表

20×1 年 12 月 31 日　　　　　　　　　　　　　　单位：元

类别 部门	计划成本					差异额	实际成本
	量具	刃具	工作服	其他	合计		
铸造车间							
加工车间							
装配车间							
机修车间							
管理部门							
合计							

（84）12月31日，根据"工资结算汇总表"和"基本车间实际使用工时表"分配工资费用。(基本工资设置如下：总经理8000元/(月·人)，5个部门经理6000元/(月·人)，财务4500元/(月·人)，销售部5000元/(月·人)，6个车间主管4000元/(月·人)，人力资源部4500元/(月·人)，其他人员3500元/(月·人)。岗位工资简单设置如下：生产工人400元/(月·人)，车间管理人员500元/(月·人)，销售部200元/(月·人)，管理人员600元/(月·人)。缴费工资简单设置如下：总经理、部门经理5000元/(月·人)，财务、销售部及人力资源部4000元/(月·人)，其他人员3000元/(月·人)。社会保险和住房公积金比例如下：医疗保险：单位8%，个人2%；养老保险：单位20%，个人8%；失业保险：单位2%，个人1%；工伤保险：单位1%，个人不缴；生育保险：单位1%，个人不缴；住房公积金：单位7%，个人7%)

凭 84-1

工资结算汇总表

部门名称	部门人员类别	基本工资	岗位工资	应扣病事假工资	应付工资	代扣款项						实发工资
						医疗保险	养老保险	失业保险	工伤保险	生育保险	住房公积金	个人所得税	合计	
铸造车间	生产工人	315 000.00	36 000.00	150.00	350 850.00	5 400.00	21 600.00	2 700.00	0.00	0.00	18 900.00	0.00	48 600.00	302 250.00
	管理人员	8 000.00	1 000.00	0.00	9 000.00	120.00	480.00	60.00	0.00	0.00	420.00	27.60	1 107.60	7 892.40
	小计	323 000.00	37 000.00	150.00	359 850.00	5 520.00	22 080.00	2 760.00	0.00	0.00	19 320.00	27.60	49 707.60	310 142.40
加工车间	生产工人	525 000.00	60 000.00	260.00	584 740.00	9 000.00	36 000.00	4 500.00	0.00	0.00	31 500.00	0.00	81 000.00	503 740.00
	管理人员	8000.00	1 000.00	0.00	9 000.00	120.00	480.00	60.00	0.00	0.00	420.00	27.60	1 107.60	7 892.40
	小计	533 000.00	61 000.00	260.00	593 740.00	9 120.00	36 480.00	4 560.00	0.00	0.00	31 920.00	27.60	82 107.60	511 632.40
装配车间	生产工人	525 000.00	60 000.00	380.00	584 620.00	9 000.00	36 000.00	4 500.00	0.00	0.00	31 500.00	0.00	81 000.00	503 620.00
	管理人员	8 000.00	1 000.00	0.00	9 000.00	120.00	480.00	60.00	0.00	0.00	420.00	27.60	1 107.60	7 892.40
	小计	533 000.00	61 000.00	380.00	539 620.00	9 120.00	36 480.00	4 560.00	0.00	0.00	31 920.00	27.60	82 107.60	457 512.40
机修车间		70 000.00	8 000.00	0.00	78 000.00	1 200.00	4 800.00	600.00	0.00	0.00	4 200.00	0.00	10 800.00	67 200.00
销售部门		230 000.00	9 200.00	0.00	239 200.00	3 680.00	14 720.00	1 840.00	0.00	0.00	12 880.00	1 352.40	34 472.40	204 727.6
管理部门		136 000.00	18 000.00	0.00	154 000.00	2 320.00	9 280.00	1 160.00	0.00	0.00	8 120.00	1 277.60	22 157.60	131 842.40
合计		1 825 000.00	194 200.00	790.00	2 018 410.00	30 960.00	123 840.00	15 480.00	0.00	0.00	108 360.00	2 712.80	281 352.80	1 737 057.20

凭84-2

基本生产车间实际使用工时表
20×1年12月31日 单位：小时

类别\名称	铸造车间	加工车间	装配车间
电动机Ⅰ毛坯件	3 500		
电动机Ⅱ毛坯件	1 500		
电动机Ⅰ		2 800	800
电动机Ⅱ		1 200	1 200
合计	5 000	4 000	2 000

(85) 12月31日，根据"工资结算汇总表"结转本月代扣款项。（凭证附件见凭84-1）

(86) 12月31日，根据"社保和住房公积金明细表"和"基本车间实际使用工时表"计提企业负担的社会保险费和住房公积金。

凭86-1（要求自制）

20×1年12月社保和住房公积金明细表
20×1年12月31日

部门\项目	明细	职工人数	缴费基数	企业负担社保金额（32%）	企业负担公积金金额（7%）
铸造车间	生产工人	90	270 000.00		
	车间管理人员	2	6 000.00		
加工车间	生产工人	150	450 000.00		
	车间管理人员	2	6 000.00		
装配车间	生产工人	150	450 000.00		
	车间管理人员	2	6 000.00		
机修车间		20	60 000.00		
销售部门		46	184 000.00		
管理部门		30	116 000.00		
合计		492	1 548 000.00		

(87) 12月31日,根据"工资结算汇总表"签发转账支票一张,金额为 1 737 257.20 元,委托银行代发工资,支票金额中包含支付给银行的手续费 200.00 元。

凭 87-1

```
中国建设银行
转账支票存根
00046452

附加信息
_____
_____
_____
_____

出票日期 20×1年12月31日

收款人：工资代发户
金　额：1 737 257.20
用　途：发放工资

单位主管 方杰 会计 王珍
```

凭 87-2

中国建设银行收费清单（付款通知）

账号：　　　　　20×1年12月31日

单位名称	江城市南方股份有限公司	账户	123456
收费项目	手续费用	金额	200.00
你单位上述应偿借款利息已从你单位结算账户划出 银行盖章	中国建设银行江夏办 20×1.12.31 转讫 (2)	复核： 记账：	

(88) 12月31日,按工资总额的2%计提工会经费40 368.20元;按工资总额的2.5%计提职工教育经费50 460.25元。

凭88-1（要求自制）

20×1年12月工会经费和职工教育经费明细表
20×1年12月31日

项目\部门	明细	职工人数	工资	工会经费（2%）	职工教育经费（2.5%）
铸造车间	生产工人	90	350 850.00		
	车间管理人员	2	9 000.00		
加工车间	生产工人	150	584 740.00		
	车间管理人员	2	9 000.00		
装配车间	生产工人	150	584 620.00		
	车间管理人员	2	9 000.00		
机修车间		20	78 000.00		
销售部门		46	239 200.00		
管理部门		30	154 000.00		
合计		492	2 018 410.00		

(89) 12月31日,缴纳本月工会经费40 368.20元;报销本月职工教育经费50 460.25元。

凭89-1

中华人民共和国税收通用缴款书

隶属关系　　　　　　　　　　　　　　　　　　　（20201）鄂国缴工
注册类型　　　填发日期：20×1年12月31日　　征收机关：地税

缴款单位	代码	420102621123456	科目	工会经费代收
	全称	江城市南方股份有限公司	科目代码	省级
	开户银行	建设银行江夏办事处	级次	
	账号	123456	收缴国库	

所属期限：20×1年12月　　　　　　　　　　缴款期限：20×1年12月31日

品目名称	职工工资总额	拨缴比例	应缴金额	实缴金额
	2 018 410.00	2%	40 368.20	40 368.20
金额合计	人民币（大写）：肆万零叁佰陆拾捌元贰角		小写：¥40 368.20	
缴款单位（人）（盖章）经办人（章）	税务机关（盖章）填票人：网上申报用户		上列款项已核对计入收款单位	备注

凭 89-2

转账日期：20×1年12月31日		
纳税人全称及识别号：江城市南方股份有限公司 420102621123456		
付款人全称：江城市南方股份有限公司		
付款人账号：123456	征收机关名称：江夏地税	
付款人开户银行：建行江夏办	收款国库（银行）名称	
小写（合计）金额：40 368.20	缴款书交易流水号	
大写（合计）金额：肆万零叁佰陆拾捌元贰角	税票号码	
税（费）种名称：	所属时期	实缴金额
工会经费	20×1年12月	40 368.20

凭 89-3

```
中国建设银行
转账支票存根
00046453

附加信息
_____
_____
_____

出票日期 20×1年12月31日
收款人：培训中心
金　额：50 460.25
用　途：职工教育培训
单位主管 方杰  会计 王珍
```

凭 89-4

江城南方费用报销单

填报人		部　别	厂办	日　期	20×1年12月31日
费用类型	填　报　说　明				
管理费用	职工教育培训				
金额	⊗伍万零肆佰陆拾元贰角伍分		¥50 460.25		
原支款		应付（退）款		财务审核人	
批准人		部门负责人		财务负责人	

附单据 2 张

(90) 12月31日,按实际发生数计提本月职工福利费。

凭90-1

20×1年12月计提职工福利费

元

项 目	内 容	金 额
职工医药费	12月3日,职工李晨报销医药费150.00元	150.00
职工困难补助	12月7日,支付职工李游生活困难补助费600.00元。	600.00
合 计	按实际发生额计提	750.00

(91) 12月31日,收到建设银行转来的供电局专用托收凭证,付讫款项共计47 473.56元,增值税专用发票列明电费42 012.00元,增值税5 461.56元。本公司在支付电费时当即按下列固定比例进行分配:铸造车间30%,加工车间36%,装配车间16%,机修车间5%,行政部门10%,销售部门3%。要求编制电费分配表。

凭91-1(要求自制)

电费分配计算表

元

使用部门	分配比例	用量	单位电费	分配金额
铸造车间	30%	21 006	0.6	
加工车间	36%	25 207.2		
装配车间	16%	11 203.2		
机修车间	5%	3 501		
销售部门	3%	2 100.6		
管理部门	10%	7 002		
小 计		70 020		
应交税费			税率13%	
合 计		70 020		

凭91-2

湖北增值税专用发票

4200022660　　　　　　　　　　　　　　　NO:00235503

开票日期：20×1年12月31日

购货单位	名　　称：江城市南方股份有限公司 纳税人识别号：420102621123456 地　址、电　话：江城市江夏大街1号 027-23456789 开户行及账号：建行 123456	密码区				
货物或应税劳务名称	规格型号	单位	数量	单价	金额	税率	税额
电费		度	70 020	0.6	42 012.00	13%	5 461.56
合计					42 012.00		5 461.56
价税合计（大写）	⊗肆万柒仟肆佰柒拾叁元伍角陆分				（小写）¥47 473.56		
销货单位	名　　称：湖北电力公司 纳税人识别号：42789644785213 地　址、电　话：江城市武昌大街1号 开户行及账号：工行 512784						

第二联　抵扣联　购货方扣税凭证

收款人：　　　复核：　　　开票人：杨莉　　　销货单位：（章）

凭91-3

湖北增值税专用发票

4200022660　　　　　　　　　　　　　　　NO:00235503

开票日期：20×1年12月31日

购货单位	名　　称：江城市南方股份有限公司 纳税人识别号：420102621123456 地　址、电　话：江城市江夏大街1号 027-23456789 开户行及账号：建行 123456	密码区				
货物或应税劳务名称	规格型号	单位	数量	单价	金额	税率	税额
电费		度	70 020	0.6	42 012.00	13%	5 461.56
合计					42 012.00		5 461.56
价税合计（大写）	⊗肆万柒仟肆佰柒拾叁元伍角陆分				（小写）¥47 473.56		
销货单位	名　　称：湖北电力公司 纳税人识别号：42789644785213 地　址、电　话：江城市武昌大街1号 开户行及账号：工行 512784						

第三联　发票联　购货方记账凭证

收款人：　　　复核：　　　开票人：杨莉　　　销货单位：（章）

凭91-4

托收凭证（付款通知）

委托日期：20×1年12月31日

业务类型		委托收款（□邮划、□电划）		托收承付（□邮划、□电划）		
付款人	全称	江城市南方股份有限公司	收款人	全称	湖北电力公司	
	账号	123456		账号	512784	
	地址	江城市江夏大街1号		地址	江城市	
金额	人民币（大写）肆万柒仟肆佰柒拾叁元伍角陆分				¥ 47 473.56	
款项内容			托收凭证名称		附寄单证张数	
商品发运情况			合同名称号码			
备注：		付款人注意：				
复核　记账		收款人开户银行签章		20×1年12月31日		

此联是付款人开户银行给付款人的付款通知

（92）12月31日，收到建设银行存款利息通知，第四季度银行存款利息收入5 500.00元到账。

凭92-1

中国建设银行存款利息凭证

20×1年12月31日

收款单位	户名	江城市南方股份有限公司	付款单位	户名	建设银行江夏办事处
	账号	123456		账号	
	开户银行	建设银行江夏办事处		开户银行	
积数		利率		利息	5 500.00
第四季度利息				复核员　记账员	

(93) 12月31日,结转机修车间的制造费用,并采用直接分配法分配辅助生产费用。

凭93-1(要求自制)

辅助生产成本分配表

20×1年12月31日

受益部门	修理工时	分配率	分配额
铸造车间	500		
加工车间	550		
装配车间	450		
销售部门	20		
管理部门	40		
合计	1560		

(94) 12月31日,根据基本车间生产工人工时计算并结转基本车间的制造费用。

凭94-1

基本生产车间生产工人工时表

20×1年12月31日

部门	产品名称	生产工人工时
铸造车间	电动机Ⅰ毛坯件	6 000
	电动机Ⅱ毛坯件	4 000
加工车间	电动机Ⅰ	3 000
	电动机Ⅱ	2 400
装配车间	电动机Ⅰ	2 000
	电动机Ⅱ	1 600

凭94-2(要求自制)

基本生产车间制造费用分配表

车间名称:铸造车间　　　　20×1年12月31日

分配对象	分配标准	待分配的制造费用			分配金额
		材料费用	人工费用	其他间接费用	
电动机Ⅰ毛坯件	6 000				
电动机Ⅱ毛坯件	4 000				
合　计	10 000				

凭 94-3（要求自制）

基本生产车间制造费用分配表

车间名称：加工车间　　　　　　20×1 年 12 月 31 日

分配对象	分配标准	待分配的制造费用			分配金额
		材料费用	人工费用	其他间接费用	
电动机Ⅰ	3 000				
电动机Ⅱ	2 400				
合　计	5 400				

凭 94-4（要求自制）

基本生产车间制造费用分配表

车间名称：装配车间　　　　　　20×1 年 12 月 31 日

分配对象	分配标准	待分配的制造费用			分配金额
		材料费用	人工费用	其他间接费用	
电动机Ⅰ	2 000				
电动机Ⅱ	1 600				
合　计	3 600				

（95）12 月 31 日，计算并结转本月自制半成品差异（凭证略）。

（96）12 月 31 日，采用品种法结转铸造车间、加工车间及装配车间的产品成本，并编制"产成品成本汇总表"，结转完工产品成本。

凭 96-1（要求自制）

铸造车间毛坯件成本计算表

铸件名称：电动机Ⅰ毛坯件　　　20×1 年 12 月 31 日　　　　完工产品：320 件

成本项目		直接材料	直接动力	直接人工	制造费用	合计
月初在产品成本						
本月生产费用						
生产费用合计						
完工铸件	总成本					
	单位成本					
月末在产品成本		0	0	0	0	0

凭 96-2（要求自制）

铸造车间毛坯件成本计算表

铸件名称：电动机Ⅱ毛坯件　　　　　　20×1 年 12 月 31 日　　　　　　完工产品：170 件

成本项目		直接材料	直接动力	直接人工	制造费用	合计
月初在产品成本						
本月生产费用						
生产费用合计						
完工铸件	总成本					
	单位成本					
月末在产品成本		0	0	0	0	0

凭 96-3（要求自制）

铸造车间完工毛坯件成本汇总表

20×1 年 12 月 31 日

名称	计量单位	数量	直接材料	直接动力	直接人工	制造费用	合计
电动机Ⅰ毛坯件	件	320					
电动机Ⅱ毛坯件	件	170					

凭 96-4

加工车间 12 月份产量资料

单位：件

产品名称　项目	电动机Ⅰ	电动机Ⅱ
月初在产品	125	50
本月投产	80	300
本月完工	150	320
月末在产品	55	30
月末在产品完工率	50%	50%
月末在产品投料率	100%	100%
备注	期末在产品成本按约当产量法计算	

凭96-5（要求自制）

加工车间成本计算表

铸件名称：电动机 I　　　　　　20×1年12月31日　　　　　　完工产品：150件

成本项目		直接材料	直接动力	直接人工	制造费用	合计
月初在产品成本						
本月生产费用						
生产费用合计						
完工半成品	总成本					
	单位成本					
月末在产品成本						

凭96-6（要求自制）

加工车间成本计算表

铸件名称：电动机 II　　　　　　20×1年12月31日　　　　　　完工产品：320件

成本项目		直接材料	直接动力	直接人工	制造费用	合计
月初在产品成本						
本月生产费用						
生产费用合计						
完工半成品	总成本					
	单位成本					
月末在产品成本						

凭96-7（要求自制）

加工车间完工半成品成本汇总表

20×1年12月31日

名称	计量单位	数量	直接材料	直接动力	直接人工	制造费用	合计
电动机 I	件	150					
电动机 II	件	320					

凭 96-8

装配车间 12 月份产量资料

单位：件

产品名称　　项目	电动机 I	电动机 II
月初在产品	250	25
本月投产	250	435
本月完工	300	350
月末在产品	200	100
月末在产品完工率	50%	50%
月末在产品投料率	100%	100%
备注	期末在产品成本按约当产量法计算	

凭 96-9（要求自制）

装配车间成本计算表

铸件名称：电动机 I　　　　20×1 年 12 月 31 日　　　　完工产品：300 件

成本项目	直接材料	直接动力	直接人工	制造费用	合计
月初在产品成本					
本月生产费用					
生产费用合计					
完工产成品　总成本					
单位成本					
月末在产品成本					

凭 96-10（要求自制）

装配车间成本计算表

铸件名称：电动机 II　　　　20×1 年 12 月 31 日　　　　完工产品：350 件

成本项目	直接材料	直接动力	直接人工	制造费用	合计
月初在产品成本					
本月生产费用					
生产费用合计					
完工产成品　总成本					
单位成本					
月末在产品成本					

凭 96-11（要求自制）

装配车间完工产品成本汇总表
20×1 年 12 月 31 日

名称	计量单位	数量	直接材料	直接动力	直接人工	制造费用	合计
电动机Ⅰ	件	300					
电动机Ⅱ	件	350					

（97）12 月 31 日，结转本月已售出产品成本，采用月末一次加权平均法计算结转本期销货成本。

凭 97-1（要求自制）

产品销售成本计算表
20×1 年 12 月 31 日

产品名称	单位	月初结存		本月入库		本月销售	
		数量	总成本	数量	总成本	数量	总成本
电动机Ⅰ	件						
电动机Ⅱ	件						

（98）12 月 31 日，申报本月应缴纳的增值税，结转本月应缴纳的城市维护建设税和教育费附加。

凭 98-1（要求自制）

本月应交增值税计算表
20×1 年 12 月 31 日　　　　　　　　　　　　　　　　　　　　　元

本月销项税额	本月进项税额	本月进项税额转出	转出未缴增值税

会计主管：　　　　　　　　　　　　　　　　　　　　制单：

凭 98-2

增值税纳税申报表附列资料

增值税纳税申报表附列资料（表一）	本期销售情况明细	一、一般计税方法计税 二、简易计税方法计税 三、免抵退税 四、免税
增值税纳税申报表附列资料（表二）	本期进项税额明细	一、申请抵扣的进项税额 二、进项税额转出额 三、待抵扣进项税额 四、其他
增值税纳税申报表附列资料（表三）	应税服务扣除项目明细	一般纳税人提供应税服务，在确定应税服务销售额时，按照有关规定可以从取得的全部价款和价外费用中扣除价款的，需填报。其他情况不填写该附列资料
增值税纳税申报表附列资料（表四）	税额抵减情况表	增值税税控系统专用设备费及技术维护费；分支机构预征缴纳税款
固定资产进项税额抵扣情况表		增值税专用发票；海关进口增值税专用缴款书

凭 98-3（要求自制）

20×1 年 12 月增值税纳税申报表（适用于一般纳税人）

	项　　　目	栏次（下月申报时填写）
销售额	（一）按适用税率征收货物及劳务销售额	(1)
	其中：应税货物销售额	(2)
	应税劳务销售额	(3)
	纳税检查调整的销售额	(4)
	（二）按简易征收办法征税货物销售额	(5)
	其中：纳税检查调整的销售额	(6)
	（三）免、抵、退办法出口货物销售额	(7)
	（四）免税货物及劳务销售额	(8)
	其中：免税货物销售额	(9)
	免税劳务销售额	(10)
税款计算	销项税额	(11)
	进项税额	(12)
	上期留抵税额	(13)
	进项税额转出	(14)
	免抵退货物应退税额	(15)
	按适用税率计算的纳税检查应补缴税额	(16)
	应抵扣税额合计	(17)=(12)+(13)－(14)－(15)+(16)
	实际抵扣税额	(18)(如(17)<(11)，则为(17)，否则为(11))
	应纳税额	(19)=(11)－(18)
	期末留抵税额	(20)=(17)－(18)
	简易征收办法计算的应纳税额	(21)
	按简易征收办法计算的纳税检查应补缴税额	(22)
	应纳税额减征额	(23)
	应纳税额合计	(24)=(19)+(21)－(23)
税款缴纳	期初未缴税额（多缴为负数）	(25)
	实收出口开具专用缴款书退税额	(26)
	本期已缴税额	(27)=(28)+(29)+(30)+(31)
	① 分次预缴税额	(28)
	② 出口开具专用缴款书预缴税额	(29)
	③ 本期缴纳上期应纳税额	(30)
	④ 本期缴纳欠缴税额	(31)
	期末未缴税额（多缴为负数）	(32)=(24)+(25)+(26)－(27)
	其中，欠缴税额（≥0）	(33)=(25)+(26)－(27)
	本期应补（退）税额	(34)=(24)－(28)－(29)
	即征即退实际退税额	(35)
	期初未缴查补税额	(36)
	本期入库查补税额	(37)
	期末未缴查补税额	(38)=(16)+(22)+(36)－(37)

凭 98-4（要求自制）

附加税（费）纳税申报表

纳税人识别号 | 4 | 2 | 0 | 1 | 0 | 2 | 6 | 2 | 1 | 1 | 2 | 3 | 4 | 5 | 6 |

纳税人名称：（公章）

税款所属期限：自 20×1 年 12 月 1 日至 20×1 年 12 月 31 日

填表日期：20×2 年 1 月 15 日　　　　　　　　　　　　　金额单位：元（列至角分）

计税依据（计征依据）		计税金额	税率（征收率）	本期应纳税额	本期已缴税额	本期应补（退）税额
		(1)	(2)	(3)	(4)	(5)=(3)－(4)
城市维护建设税	增值税		7%			
	消费税		7%			
	合计		—			
教育费附加	增值税		3%			
	消费税		3%			
	合计		—			
地方教育附加	增值税		2%			
	消费税		2%			
	合计		—			
堤防维护费	增值税		2%			
	消费税		2%			
	合计		—			

纳税人或代理人声明：此纳税申报表是根据国家税收法律的规定填报的，我确信它是真实的、可靠的、完整的	如纳税人申报，由纳税人填写以下各栏					
	经办人（签章）	王珍	会计主管（签章）	方杰	法定代表人（签章）	张庆
	如委托代理人填报，由纳税人填写以下各栏					
	代理人名称				代理人（公章）	
	经办人（签章）					
	联系电话					

凭 98-5（要求自制）

附加税（费）计算表

20×1 年 12 月 31 日　　　　　　　　　　　　　元

应税项目	计税基数（增值税）	税（费）率	应纳税（费）额
城市维护建设税		7%	
教育费附加		3%	
合　计			

会计主管：　　　　　　　　　　　　　　　　　制单：

(99) 12月31日，计提本月坏账准备金。

凭99-1（要求自制）

坏账准备计算表
20×1年12月31日

年末"应收款项"余额 (1)	规定比例 (2)	提取前"坏账准备"科目借方余额 (3)	提取前"坏账准备"科目贷方余额 (4)	提取的坏账准备金 (5)=(1)×(2)+(3)-(4)
	5%			

会计主管： 审核：王珍 制表：李想

(100) 将损益类账户余额结转至"本年利润"账户。

凭100-1（要求自制）

江城市南方股份有限公司收入科目汇总表
20×1年12月31日

序 号	收入性损益科目	金 额
1	主营业务收入	
2	其他业务收入	
3	投资收益（收入）	
4	资产处置损益（收入）	
5	营业外收入	
	合 计	

财务负责人： 审核：王珍 制表：李想

凭100-2（要求自制）

江城市南方股份有限公司费用科目汇总表
20×1年12月31日

序号	费用性损益科目	金额	序号	费用性损益科目	金额
1	主营业务成本		7	管理费用	
2	其他业务成本		8	销售费用	
3	税金及附加		9	财务费用	
4	投资收益（损失）		10	营业外支出	
5	公允价值变动损益（损失）				
6	信用减值损失			合计	

财务负责人： 审核：王珍 制表：李想

（101）12月31日,计算并结转本月应缴纳的企业所得税(假设没有调整事项)。

凭101-1(要求自制)

20×1年12月所得税费用计算表

20×1年12月31日　　　　　　　　　　　　　　　　　单位：元

当期所得税						
应纳税暂时性差异	期初数		本期数		期末数	
递延所得税负债	期初数		本期数		期末数	
可抵扣暂时性差异	期初数		本期数		期末数	
递延所得税资产	期初数		本期数		期末数	
递延所得税费用（—收益）						
所得税费用						

凭 101-2（要求自制）

中华人民共和国企业所得税月（季）度预缴纳税申报表（A类）

所属期限 20×1年12月（20×2年1月15日之前填写）

行次	项　目	本期金额	累计金额
(1)	一、按照实际利润额预缴		
(2)	营业收入		
(3)	营业成本		
(4)	利润总额		
(5)	加：特定业务计算的应纳税所得额		
(6)	减：不征税收入		
(7)	免税收入		
(8)	弥补以前年度亏损		
(9)	实际利润额((4)+(5)−(6)−(7)−(8))		
(10)	税率(25%)		
(11)	应纳所得税额		
(12)	减：减免所得税额		
(13)	减：实际已预缴所得税额	—	
(14)	减：特定业务预缴(征)所得税额		
(15)	应补(退)所得税额((11)−(12)−(13)−(14))	—	
(16)	减：以前年度多缴在本期抵缴所得税额		
(17)	本期实际应补(退)所得税额	—	
(18)	二、按照上一纳税年度应纳税所得额平均额预缴		
(19)	上一纳税年度应纳税所得额	—	
(20)	本月(季)应纳税所得额((19)×1/4 或 1/12)		
(21)	税率(25%)		
(22)	本月(季)应纳所得税额((20)×(21))		
(23)	三、按照税务机关确定的其他方法预缴		
(24)	本月(季)确定预缴的所得税额		
(25)	总分机构纳税人		
(26)	总机构	总机构应分摊所得税额		
(27)		财政集中分配所得税额		
(28)		分支机构应分摊所得税额		
(29)		其中：总机构独立经营部门应分摊所得税额		
(30)		总机构已撤销分支机构应分摊所得税额		
(31)	分支机构	分配比例		
(32)		分配所得税额		

谨声明：此纳税申报表是根据《中华人民共和国企业所得税法》、《中华人民共和国企业所得税法实施条例》和国家有关税收规定填报的，是真实的、可靠的、完整的。

法定代表人(签字)：张庆　　　　20×2年1月14日

凭 101-3（要求自制）

序　号	项　目	金　额
1	当期所得税费用	
2	递延所得税费用	
合　计	结转所得税费用	

（102）年终结转本年利润，包括1~11月份的净利润5 136 000.00元。

凭 102-1（要求自制）

20×1年本年利润

20×1年12月31日　　　　　　　　　　元

行　次	项　目	金　额
1	1~11月实现净利润	
2	12月实现净利润	
3	累计实现净利润	

会计主管：　　　　　复核：王珍　　　　制表：李永

（103）12月31日，按照全年净利润的10%提取法定盈余公积金，按照全年利润的5%提取任意盈余公积金。

凭 103-1（要求自制）

提取盈余公积金计算表

20×1年12月31日　　　　　　　　　　元

行　次	项　目	金　额
1	净利润	
2	减：弥补企业以前年度亏损	
3	计提盈余公积基数	
4	本年度提取法定盈余公积	
5	本年度提取任意盈余公积	

会计主管：　　　　　复核：王珍　　　　制表：李永

(104) 12月31日,年终结转未分配利润。

凭 104-1(要求自制)

20×1年利润分配其他明细科目余额

20×1年12月31日　　　　　　　　　　元

行　次	项　目	金　额
1	提取法定盈余公积	
2	提取任意盈余公积	
3	应付现金股利或利润	
4	转作股本的股利	
5	盈余公积补亏	

会计主管：　　　　　　　复核：　　　　　　　制表：